JN096757

前島正俊 著

豊歳 寛 編　吉村敏之 監修

若い教師に伝えたい授業

――「ラクガキノート」から

一莖書房

前島正俊先生「ラクガキノート」に込められたもの
――自己変革を促す授業の追求

吉村敏之

前島正俊先生は、自らの「授業」追求の歩みを、「授業づくりの苦労とよろこび」(『教師が壁をこえるとき』岩波書店　1996年　所収)として記されている。新任期は作文指導を軸に学級集団づくりに力を注いでいた。教職5年目を迎えた時に「壁」を感じる。教師との年齢差が広がる子どもたちとの間にずれを感じ、学校のサイクルに埋没して自分を見失う危険性をおぼえた。「自分なりの授業」を創り出そうとして「もっといろいろな角度からものを見、考えをぶつけ、渦を起し、みんなでせり上がっていく授業」を求める。「美しいもの、値うちのあるものを求めて、どこまでも妥協しない厳しい目」に貫かれていた斎藤喜博の仕事を知り、『斎藤喜博全集』を支柱として、授業の追求に力を尽くす。斎藤の主宰する「教授学研究の会」に欠かさず参加した。林竹二学長のもとで、子どもの可能性を引き出す授業の創出にむけた「教授学」の構築の一環として、宮城教育大学授業分析センターで開催された「現職教育講座」も受けて、授業の力量を高める努力を積み重ねた。

前島先生の教育実践が傑出している点は、本書の全編にわたって示されているとおり、文学・歴史・芸術の専門性にふれる教材研究＝「学問」によって、教材解釈を深めたことである。教師の深い教材解釈が授業の質を決めることを自身の実践をふまえて説いた、斎藤のメッセージ（詳しくは斎藤喜博『授業』１９６３年を参照のこと）を受けとめ、教職の専門性の核としたのである。斎藤は「教師の教材解釈が、広く豊かであり、大きな振幅を持っていればいるほど、授業の展開も豊かになり、大きな振幅を持ち、そういう授業によって、教師も子どもも創造と変革をしてくようになり、新鮮になっていく。」とした。

斎藤によれば、広く豊かな教材解釈となるには「三つの解釈」が求められるという。一つは「一般教養としての一般的な解釈」で、「だれでも同じに正確に解釈する」ものである。二つ目は「教師という専門家のする専門的解釈」である。「学級に現実にいる一人ひとりの子どもたちの論理や思考とかを教師が正確に知る。教材に対する教師の全人間的な解釈を、現実の子どもを対象として、具体的にそのなかの何を、どういう方法で授業の上で実現していくかを考える」ものである。三つ目は「文学・科学・芸術などの専門的解釈」であり、「それぞれの専門的な分野で、それぞれ現在到達している研究成果を自分の力として持つ」ことにより、子どもの解釈を生かして追求を深める授業が展開できる。「三つの解釈は、相互にからみ合い、ひびき合って、授業を創造的に展開する力となっている」。

斎藤は、教材解釈を「正しく一般的な解釈をしたうえで、対象である教材を、ひとりの生きた人間として観察し分析し、そのなかから新しい思考や論理や感情を積み重ねていこうとする仕事」ととらえ、教師の「人間」としてのあり方を問題にした。前島先生も、本書の前半「ラクガキ抄」からの引用に表われているように、一人の人間としての授業観、教育観、そして人間観を探っている。授業の根底をなす教材解釈のさらに深いところにある、教育実践を創り出す思想の一端がうかがえる点で、本書は貴重な記録である。後半の教材研究の記録からは斎藤のいう「文学、科学、芸術などの専門的解釈」の重要性を実感できる。

さて、日本の教育実践の歴史における前島先生の仕事の意義を示すために、先生から直に学ばせていただいたことを、私事にふれながら記すことをお許しいただきたい。先生の授業の奥行きに最初にふれたのは、1986年7月、東京都江戸川区立大杉東小学校6年生への社会科「承久の乱」の授業である。鎌倉幕府と京都の朝廷との関係、頼朝以来の源氏政権から北条家執権政治への移行という、鎌倉時代の特色を、北条政子に焦点を当て、子どもたちに実感させるものであった。

様々な文献はもちろん、鎌倉に出向いての現地での史跡調査もふまえた教材研究に基づくもので、参観者の私も、知的好奇心がそそられた。教育史と現在の学校現場での授業とをつなぐ新たな研究に挑まれた稲垣忠彦先生のもとで、大学院修士課程1年次生として研究生活の道を歩み始めた私にとって、授業を創り出す教師の思想や生き方にまで迫る必要性を思い知らされる貴重な体験であった。

その後も稲垣先生が主宰されていた「第三土曜の会」で、毎月、前島先生の深い教材研究に根ざした授業の報告をうかがい、教職に求められる高い専門性とそれを保障する条件づくりの重要性を痛感した。博士課程進学後には、前島先生がご自宅で、教員有志と、毎月1回開催されていた研究会「糸杉の会」に参加し、子どもの可能性を引き出す授業のあり方、授業を創造する教師のあり方について、事実の中からたくさんのことを学んだ。

1994年7月、専任講師として宮城教育大学授業分析センター（当時）に就職する機会を得た。私の採用から20年前に、斎藤喜博が「教授学」担当教授となった場所ある。大学院時代の私の研究テーマは、奈良女子高等師範学校（現在、奈良女子大学）附属小学校「学習法」をはじめとした、1910年代半ばからの「大正新教育」以来、日本の教師たちが取り組んできた、生活と関連させて子ども主体の学習を創る実践の歴史であった。宮城教育大学に蓄積された「教授学」の財産にふれるうち、林竹二、斎藤喜博が、自身の実践をもとに説いた「授業を組織すること」の重要性に気づくようになった（「授業の組織」についての詳細は、林竹二『授業の成立』一莖書房　1977年を参照のこと）。これからの教育で求められる「深い学び」のあり方と教師の指導のあり方について、「教授学」の成果をふまえ、研究を進めている。

研究の推進にあたり、前島先生の「ラクガキノート」をはじめとした貴重な資料が、宮城教育大学に寄贈されたことは、本当にありがたいことである。せっかくの記録が身近にありながら、国立大学法人化による予算と人員の削減のための職務多忙で、資料整理に着手できずに困っていたところ、前島先生との縁が深い豊歳寛さんに、本書をまとめていただいたこと、ただ感謝である。コロナ禍にあっても、宮城教育大学教員キャリア機構協力研究員としての職務を全うされ、教師の歩むべき標となる書物を世に出す努力をされたことに敬意を表するばかりである。豊歳さんが、前島先生の遺志を継ぎ、教師たちの「学びの会」を続けていることも、心強い。若い教師が、教職の魅力を実感しながら成長できることを期待する。

前島先生が斎藤喜博に出会い、教材研究を深めて授業を創造する道を歩みはじめた頃、山梨県白根町立巨摩中学校（当時、現在は南アルプス市立白根巨摩中学校）では、「科学と芸術の基礎」を学ぶ授業の創造が盛んに行なわれていた。遠山啓など民間教育研究運動から学び、教科内容研究を進め、教材研究を深めたり、教材開発を行ったりして、質の高い授業を創った。生徒たちは「深い学び」ができた。巨摩中学校で取り組まれた教科専門性の追求による授業の質の向上が、小学校においても可能であることを、前島先生の実践は示している。

今日、ともすると、教育政策も、そして教師自身も、教科書に示された内容を「いかにうまく教えるか」という手法の追求に向かいがちである。子どもの主体性尊重のもとに、子どもどうしの話し合い活動が重んじられる一方、教材の追求が軽視される傾向もみられる。教員養成教育においても、教科専門の学問・芸術の学修が疎かになりがちである。本書に示された前島先生の記録を熟読すれば、まず教師自身が主体的に教材と対話する「学問」が、授業の出発点であることがわかる。教師が練り上げた教材を子どもが主体的に追求し、教材との対話を重ねることによって「深い学び」が成立する。そして、子どもも教師も新たな世界を発見し、自己変革を遂げる。

前島先生が積み重ねられた数々の教材追求の事実に学び、授業の根底をなす教材解釈を豊かにし、困難な時代にあっても未来を拓く子どもの生きる力を育む教育実践の創造に努めたい。本書が、そのための指針となることを願う。

なお、本書の刊行にあたり、費用の一部を、科学研究費助成事業「基盤研究(c)課題番号22K02277」から支出している。

（宮城教育大学）

はじめに

豊歳　寛

私の目の前に大学ノートが60冊置いてある。この大学ノートは、私の恩師である前島正俊先生が「ラクガキノート」という題名で書かれたものである。この60冊は、先生が生涯書かれた200冊ほどのノートのうち、私が先生と同じ勤務校であった江戸川区立大杉東小学校時代に書かれたものである。

先生がこの学校に勤務した9年間のうちの6年間、私は共に過ごさせていただいた。この後、先生は教頭から校長へと進んでいく。

このラクガキノートの存在は、先生が職員室にいる時に、いつも何やらノートに書き込んでいたので知っていた。しかし、そのノートは絶対に見せてくれなかったので、そのノートがどれだけのものかは一切見当がつかないものであった。

先生は学級通信「ラクガキ」を毎年100部前後発行されていた。必ず私の机上に「ほら、書いたよ。豊歳さんのはまだかな」とでも言いたそうに、含み笑いを浮かべながらそっと置いてくれた。

この学級通信「ラクガキ」はよくあるお知らせのようなものでなく、まさに実践記録であり、先生の教育観の表れであり、生き方そのものであった。「ラクガキ」と表現されるその原点がこの「ラクガキノート」である。

2018年7月に先生が急逝され、慌ただしく追悼文集をまとめたり、合唱テープをCD化したものの、先生にお世話になったご恩にさらに報いようという思いは残った。

私と同じ思いをもたれた宮城教育大学の吉村敏之さんの好意で、先生が残された貴重な資料の数々を宮城教育大学に保管していただくことになった。しかし、保管されたままでよいのかという疑念が生じた。

誰かが、前島先生のすべての実践の元になったラクガキノートを読み、整理することが、後世への教育に遺すべき大事な宝物を掘り出すことだと思った。読み解く能力などない私ができるものではないと思う一方、初任の時から多くのことを教えていただき、教師としての基礎を培ってくださった、先生と長い間にわたり関わってきた者として、研究の先鞭をつける使命があると考えた。どれだけのものができるか全く見当もつかないが、私なりに「ラクガキノート」を読むことが先生の恩に報いることだと思う。

教育界は、多様な機器を利用しデジタル化が急速に進められている。教師がロボットに取って代わられてしまう時代が来るかもしれない。そんな時、思いっきりアナログな、前島先生の実践記録が一石を投じることを願っている。職人としての存在である教師がロボットに負けないために。

もちろん、私が取り上げた実践だけで、「ラクガキノート」が成り立っているわけではない。先生が熱心に取り組んでいらっしゃった文学、歴史、芸術、体育に留まらず、意外にも算数や理科にも多くのページを割かれている。前島先生の真骨頂を伝えることが今回の出版の目的であるため、教科をかなり絞った内容に限定することになったことをお詫びしたい。

目　次

前島正俊先生「ラクガキノート」に込められたもの　吉村敏之（宮城教育大学）　1
——自己変革を促す授業の追求

はじめに　7

ラクガキ抄から見る……15

1　「授業に勝手な弾みを求めて」　16
2　「日々の忙しさの中で」　17
3　「建前だけの話し合い」　17
4　「自分を自由にすること」　18
5　「ポエムとポエジー」　18
6　「芥川の死」　19
7　「教材研究の楽しさと少しの成長」　20
8　「自分という存在」　22
9　「私は根暗な人間なのです。」　23

10 「素朴にものを見ること」 24
11 「なぜラクガキ抄を書くことになったのか。」 25
12 「子どもたちの強さとは」 26
13 「文を深く読むということ」 28
14 「子どもらしい発言とは」 29
15 「惨めな敗北感」 30
16 「ゆったりと、だらっと」 33
17 「人の心を揺さぶる合唱とは（映画「ビルマの竪琴」を観て） 34
18 「厳しく現実と自分の力を見つめ、それでもなおかつ、高みに登ろうとする行為は、荒野のまっ只中で星を頼りに歩く行為に似ている」 36
19 「教師と子どもの可能性」 37
20 「子どもと自然な姿で対面する」 38
21 「鎌倉の海に向かって『真白き富士の嶺』を歌う」 41
22 「研究授業にて」 43
23 「概念砕き」 44
24 「小さな研究会～糸杉の会～」 45

25 「授業は生き物である」 46

詩教材の実践……49

Ⅰ 詩の読解指導

1 教材「竹」（萩原朔太郎） 50

2 教材「月夜の浜辺」（中原中也） 58

3 教材「海の若者」（佐藤春夫） 66

Ⅱ 詩作指導

俳句教材の実践……97

Ⅰ 俳句教材について

「咳をしても一人」（尾崎放哉） 98

「海に出て木枯らし帰るところなし」（山口誓子） 99

「雁の声落ちしところに残されし」（中村汀女） 102

Ⅱ 作句指導

短歌・和歌教材の実践……111
「東海の小島の磯の白砂に我泣きぬれて蟹とたわむる」（石川啄木）　112
「石走る垂水の上のさわらびの萌え出づる春になりにけるかも」（志貴皇子）　112
「くれないの二尺のびたるばらの芽の針やわらかに春雨の降る」（正岡子規）　114
物語教材の実践……117
Ⅰ　「大造じいさんとがん」（椋鳩十）　118
歴史教材の実践……145
「ヨーロッパ人との出会い」　146
「大津事件」　156
合唱教材の実践……163
呼吸法の指導　165
曲別の指導ポイント　167
課題のポイント　172

指揮のポイント　173
体育教材の実践　175
器械運動における重要ポイント　176
図工鑑賞教材の実践　185
ピエタを読む　187

扉絵　川添容子

ラクガキ抄から見る
前島先生の思想や生き方・教育観・児童観

ラクガキノートを構成する内容は、教材研究や日々の教師の生活記録の綴りが、ほとんどであるが、№61から書き始まった「ラクガキ抄」は、先生の内面のありのままをさらけ出しているものであり、人間前島正俊を理解する手立てになるものである。

（豊歳　寛）

1 「授業に勝手な弾みを求めて」

授業に勝手な弾みを求めて、どうもせっかちになっている。そのため、弾みというより急ぎ過ぎの感じが強くなってしまう。どうしてなのか。何かを求めている意欲は体内からほとばしり出ているのだが、結果を求めすぎて、待つというリズムができないように授業が講義になってしまっている。

確かに今の子は本を読まない。自分から進んで学習しようとしない。目的が希薄なのだろうか。私なりに子どもたちに繊細で鋭敏な感覚をもってもらおうと、ドラマのある教材を探し、子どもに提示してきたと思う。授業の中で表情が変わり、満足した味わいをもたせられたことも、まちがいなくある。しかしそれが基になって追求的な子どもにまではなっていないのである。何が根っこの所、私の課題設定、何を追求させるのかの把握が足りないのか、寂しい限りである。

2　「日々の忙しさの中で」

今週も忙しくなりそうだ。午後にはほとんど何らかの会議がもたれ、何かをのんびりとやることなどできそうにもない。今一番必要なのはゆったりとした気分の中から生み出す授業の組織だと思うのだが。どうもいつもうしろから追われているような感じが強く、味わいのある授業などおぼつかない。

3　「建前だけの話し合い」

昨日はどうも怒りのようなものが沸き上がってきてしょうがなかった。こんな時はゴルフの打ちっぱなしでもするに限る。建前だけを述べる話し合いは時間のロスである。しかもそこで出される結論は必ずと言っていいほど、手前勝手のものになってしまう。話し合いとはお互いに傷つき合う中で、しかもそれをお互い認め合った中で行われた時、創造的になる場合が多い。その時には建前論は吹っ飛んでしまう。

4 「自分を自由にすること」

教師という仕事は、知らず知らずのうちにうしろから追われて毎日を送っているようなところがある。人の動きのみに敏感になってしまい、愚痴っぽくなり、瑣末なことに神経をすり減らしている。だから、どんどん貧相になっていくのである。

一番問題なのは、自分の中に巣食うどろどろとしたものを自分の奥深くしまい込んで、それを覗こうしないことだ。自分を自由にするということは、勇気がいる。自分が自分のプライドを切り裂いていく勇気がいるようだ。

5 「ポエムとポエジー」

最近、子どもに自分の心の中を正直にのぞくことを強く要求しているようだが、それは私自身に起因している。だんだん年を経てくると、自分を垣間見るなどという新鮮さを失ってしまう。自分の中に淀んでしまい、ちょっとやそっとのことでは動かなくなってしまっている感覚や思想。それはもう一つの生命体として内部の中に居を構えているすべての物質がそうであるように、停止したらそのままでいようとする慣性が働いている。

ニュートンは物質を通して人間の内面にまで入って考えたのではなかろうか。「自分を変えられるのは自分しかないよ」「体を動かして実際にやってみて続けていって自分の体に教えていくのだよ」、結局のところそういう内容の繰り返しである。それは即、自分にも言っているようだ。

Hさんが「生活の中にポエジーを感じる時は、自分の実践が波に乗っている時なんだ。」と言ったが、それは私たちの仕事の核心をついていると思う。小さなポエムのつながりで教育というものはつくられていく。ポエムは読む人にとって多様に感じ、解釈することができる。それに対し倫理を伴う理念は、一つの方向にまとめようという意識が働いてしまう。ポエムの集合体の結果として、一つの理念に結び付くことがあっていい。あまり理念を形成することにきゅうきゅうとしないほうがいいようだ。とにかく、今のところ子どもにお説教する時、少なくともポエジーのある話になるよう努めるしかないなあ。

6 「芥川の死」

なぜ授業の中で取り上げようと思ったのだろう。例によって私の気まぐれと言ってしまえばそれまでだけど。一般的な事例の羅列でなく、人間の内面を感じていく歴史の授業があってもいいのではないか。そんなものが働いていたように思う。

自由民権運動から大正デモクラシーへと一つのつながりをもたせるために、人間の自由とはどういうことなのか。それをリバティとフリーダムの二つの観点から見させていきたい。（いやむしろ私自身が考えていきたいという気持ちが強かった。）

自分の内面をじっくり見つめること。そして自分の中に巣食うエゴに気付く。その中に人間は生きている。芥川の一生は、それを考える上には大変適している。子どもたちには、芥川の作品をなんでもいい。読むことを強要する。朝の時間、給食の時間、とにかく分かっても分からなくてもいい。一つでも多く読み切るように言う。彼らが大きくなった時、もう一度芥川の作品をじっくりひも解くことがあろうから。

7 「教材研究の楽しさと少しの成長」

教材を考えている時は楽しい。自分なりに糸口を見つけ、展開構成が少し見えてきた時はさらに楽しい。私の場合、子どもと同じで自分が調べていて楽しい時は、何を核にしたらいいかを調べるに従いどんどん明確になっていく。自分で楽しい時は、その授業は必ずと言ってもいいほど、子どもたちの表情が変わる授業になるようになった。これが少しは私の成長を物語っているのだろうか。

以前は自分が一生懸命調べて授業に臨んでも、努力した割には子どもの方はちっとも乗らなかったり、私が熱っぽく話しかけても意外にも冷めていたりしたものだ。そういうことがあってついファイトを喪失してしまうこともあったように思う。最近はまずこれは授業になるという予感が働く。そして同時におよその構成も浮かぶ。なぜなのだろう。それだけ吟味力・洞察力・教養などの経験を積んだと言えばそれまでだが。どうもそれだけではないような気がする。楽しくなるなり方が少し違っているように思う。

かつては子どもが新しい知識を習得する喜びと同じようなことがあった。調べること、新しい教材をつくること、そのことにほとんど楽しさがあった。現在もそれは勿論あるが、常にバックに人間の姿をまず思い浮かべる。

どう動いたか。どう考えたか。あるいはその時の表情はどうだったか。形象に対する吟味が私の中で働いてしまう。これはやはり成長であろう。残っている課題はそれをどう子どもたちに課題として投げかけ、追求させていくかである。教師の説明は大切だ。けれども、いつも子どもたちと一緒に歩きながら問題を考えていく。それであろう。

8 「自分という存在」

話し合っても不毛だと分かっているのに、自分の本音をぶつけることほど、苦々しいものはない。後でどうしょうもない空虚さが全身を覆って、ああ話すんじゃなかったと思う。人間はやはり本音では生きられない場面があるのかもしれぬ。私は最近自分の存在意義を考える。私は教師として20年間勤めてきた。大したことはしていなくても、真面目にこつこつと歩んできた。私なりに少しは努力してきたつもりだし、勉強もまあやっている方だと思う。しかし、ふと自分は何もやってこなかったのではないかという感じをもつことがある。

10年前の自分の方がもっと生き生きとしていたし、その時の方が案外光っていたかもしれぬ。教育の仕事は形としては残らない。自分の心の中にのみ自分がつくったイメージが堆積される。(イメージは自分の醜かった面を捨象するという操作にちがいないその体積されたものが自分の生き方を決め、思想を形成している。堆積作用というやつは単純でゆっくりした動きの連続であるが時間がたつに従って、重い力となってわが身を覆ってしまい、気が付いてみるともう動かすことができないものになっている。

最近書いていることが結局同じことの堂々巡りのような気がする。そして最後にはあのなつかしい堆肥の匂いが浮かび、誰もいない公園で風がかすかに揺れているブランコが見えてくる。ブランコの揺れは、寂しくてせつない。揺れを体の中に伝導する。その揺れは所詮心の許し合った家族のみで味わうべきなのか。私の中にやはり自分の存在をもっと主張したいという願望が強すぎるかもしれぬ。

9 「私は根暗な人間なのです。」

喫茶店に入り、ガラス越しに見える冬木立をぼんやり眺めながらペンをとる。別に書きたいことが浮かんでくる訳ではないのだが、このようなのんびりした雰囲気の中で、どんなことが文になるのか試してみたい気もあって思いつくまま記している。

一つには私の仕事は箇条書きにまとめることを余儀なくされる場面が多いから、それへの反発としての気持ちがあるようだ。人間、きちっと区画された道を歩くより、つづら折りの道を歩いた方がいいに決まっている。味わいがあると心が休まる。

冬木立の姿に心が魅かれるのも、周りが人工的なもので覆われているからであろう。他はみな人間が作り出した地上の規律の中に位置づけられているのに対し、木立のみ天へ向かって寂しく立っている。今、私は無辺大の空《くう》を自分の中に入れようとしている。自分の頭に空をもつことで、結構楽しく過ごすことができる。引き延ばしたり、縮めたり、一刷毛の雲を置いたり、みぞれを降らせたり、その中を私は自由に歩くのです。でもすぐに冬木立の姿に見入ってしまう。あの厳しさが必要なのです。私はやはり根暗な人間なのです。

10 「素朴にものを見ること」

何も考えないで吸い込まれるように、じっと一つの物を見ていたいと思う。頭の中に風を通し、体ごとふんわりと浮かべるような。若者のように夕暮れの海を見たいなどとは言わないが、じっと見ていると心が少しでも落ち着くものだったらいい。

そう言えば、私はここのところ、物をじっと見たことがないように思う。ほとんど目で触れるだけで視点を動かさないで物を見たことなどないのではないか。毎日子どもの表情は見ているけど、それは、子どもの心の動きを換算しながら見ている。決して空《くう》で見ているのではない。鳥の群れの動き、雨の煙る梨畑、風に揺れる裸の木蓮、結構私の周りには、呼びかけてくれている物があるのに、やはり素通りして終わっている。ここは一番子どもに帰って素朴に見ることを大切にしよう。自分の心を空《くう》にして見る瞬間をもつことが今まで見えていなかった物の色合いを提示してくれるような予感をもつ。年をとったのだろうか。

それとも若くなったのだろうか。かつて観念的に考えていたことが、改めて私の中で今問題になっている。しかし、どこかちがっている。

11「なぜラクガキ抄を書くことになったのか。」

なぜこんなことをやるようになったのか。自分では意外とそのことに触れていない。

① 61回目のノートということで何か新しいことをやりたかった。
② 子どもたちに自分の内面について、書かせていったことがきっかけ。
③ 糸杉の会が少しずつ方向が見えてきた。
④ 教師に何かが欠けているかの吟味から。

思いつくままにあげてみると右のようなことがある。みんな大切なことばかりでこのラクガキノートを、少しでもいいものにしようとする気持ちから出ている。それだけこのノートが自分の分身になってきたかもしれない。私の教師生活も20年を迎えている。一口に20年と言えば、大変な年月だ。その中で形として自分が確かに生きてきたという証を求めたいという願いから出発したように思う。

随分純粋で切羽詰まった気持ちからだったのだ。芭蕉だって初めての紀行では、自分の身を野ざらしの中に置く必死な思いから旅立っている。人間はぎりぎりのところからまず出発する。そして、それを持続させる。持続していく中で、ぎりぎりの気持ちが少しほぐれてくる。

一つ気持ちの上で楽になる。自分の生活のリズムに溶け込むと言ったらいいのか、無理やり自分の中に引き込んでいた緊張の糸が、糸の方で緊張を作り出すと言ったらいいのか。要するに糸が緩むのではない。ノートに記録することを初めのころは自分に課していたけれど、今では何日もペンをとらないでいると、どうも自分の生活の中にぽっかり穴があいてしまうような感じがするようになってきた。それにしても、我ながらラクガキとはいい題をつけたものである。落書きではなく、ラクガキである。最後は軽みを求めたいものである。

12 「子どもたちの強さとは」

子どもから何を質問したらいいか、何を問題にしたらいいか、それさえもてないで体が後ろに行っているのが見えると、つい私が授業を組織してしまう。もう少し待ってみようとしても、子どもたちの体はますます閉じ込んで、クラス全体が暗く重い風呂敷の中にかぶさっていく。ついそれに耐えられなくて、私が発問してその突破口を開こうとする。

確かに私がその時は一瞬だけど光明が射すのだが、断片的なものとして終わってしまう。仕方がないから又その繰り返しになる。そして結局私が一時間をリードして授業が終わるのである。

昨日の「クロツグミ」（高村光太郎）、今日の啄木の短歌、共にその色が濃い。子どもたちは一時間の中に新しい解釈とイメージに出会ったけれど、子どもたちは自分たちが主体的に課題をもち、追求していった結果ではない。そこにもう一つ明るく開いた感じがもてない原因がある。子どもたちの声はともすると口の周りで話しているだけなので、テンポの遅い気力のないものになっている。

話すということは、相手がいることなのだ。相手に伝えることなのだ。自分の声が相手に届いて初めて共通の課題がもてるのだ。今の様子だと自分だけで終わっている。子どもたちは仲良く遊んではいるが、そういうクラスとしての強さではまだ結び付いていないのだ。みんなで本気になって追求するものをもてた時、クラス一人ひとりの子がきっちりした強い声になるのだと思う。

13 「文を深く読むということ」

今日は三時間、阿修羅のように授業をしてしまった。全力で子どもにぶつかったわりには充足感か湧いてこない。虚しい自己嫌悪の疲労がたまって消化不良である。せめてペンを取ってこの憂さを緩和したいと思う。

初めて子どもたちに個人学習とはどうするのか、課題とはどうやって見つけるのかたたきこもうとしている。とても穏やかに柔らかくという余裕はない。まず読むということは、一人ひとりが教材と真剣に向かい合うことだ。文を眺めていただけでは絶対、問題は見つからない。少しでも分からないところ、自分ではっきりしないところ、それは既に課題になる可能性をもっている。まずそこに線を引いてみる。

その後、問いをつくってみる。なぜなのだろう。この時この人物はどう考えたのだろう。どうしてこう深く読むということは、この問いをつくることから始まる。問いができればそれについて考えてみる。すぐに考えが出ない時はその前後をしっかり読む。一語一語ていねいに。そうすると必ず何か見つかる。それはちょっとしたひらめきや思いつきであっていい。それはすぐにメモしておく。そして一つ浮かんだら他の考えはないかなと追求する。

以上のようなことを二時間ぶっ続けで力説した。勿論子どもから出てきた課題を追求させながらである。今日は昨日よりもはるかに多くの課題が出てきた。私の考えていた課題はほとんど全部出たと言っていい。しかし、やはり少人数である。まだ課題をどうやってつくっていったらいいか分からない子がかなりいる。そういう子を見ていると、個人学習ができないから、ただ教科書の文をながめているだけ。従って体内からほとばしるような熱と気合いなど湧いてこない。まあ、でも一つの前進かもしれない。明日に期待してみよう。

14 「子どもらしい発言とは」

私の中に子どもの発言は断片的なものだから、教師が広げてやる必要があると考えてきた。それはそれで正しいと思うのだが、どうも私の場合、子どもの発言をある程度まで引き出すことができたら、それでよしとするところがあってすぐに私の捕捉が入ってしまうのである。ベテランだから説明は確かに少しうまく子どもを気持ちよくさせることはできる。

しかしそのために子どもが自分自身で発見したりイメージを広げたりする力を押さえてきたのではないかと思う。問いは子ども自身の内部に埋もれているイメージや考えを引き出してやるものでなくてはならない。一つの問いに単語で答えたら、次の問いはその一般的な単語の意味を突き崩すものであるべきだ。

そして、また問いを重ねて、イメージや考えをだんだん具体的にしていくべきなのである。私はどうも一時間としての授業の調和、まとまり、完結性に専心してきたようだ。だからどうしても全体としての流れを考えるあまり私が主導権をとって、授業を組織してしまったのである。

稲垣忠彦先生からいつも指摘されていたのはその点だった。その時は自分で分かっていたつもりなのだが、本当のところは、自分の非力に真正面から目を向けるのがいやで、今日の授業は説明が弱かったとか、教材が難しかったとか、一時間しかなかったからなどと枝葉のところで自分の授業を評価していたのである。やはり、授業形態にこだわっているのだ。もっと言えば、人に見せるための授業という意識が強いのだ。明日の授業はとにかく、しつこく子どもの発言を引き出しながら、子どもたちに追求させてみよう。

15　「惨めな敗北感」

前回の研究授業で本当に久しぶりに惨めな敗北感を味わった。〝俺は何年教師をやってきたのか〟という思いと、〝後残された10年ではもう自分を変えることはできないのではないか〃という思いが交錯して、その夜は疲れているのにも関わらず寝つきが悪かった。何があんなに重い授業をしてしまったのか、その原因について断片的にはいろいろと問題があるのだが、とてもペンを執る気にならない。

それは自分の弱さで、思い上がりをずたずたに切り裂くことになるのが分かっていたから。でも、一方ではとても冷静な自分がいて、どんどんメスを入れ、オペを開始してしまうから始末が悪い。

私はしばらくの間そのままうっちゃっておくことにしたのである。時間というものはありがたいものである。開いていた傷口がふさがってくると、精神的にも少し余裕が出てくる。やはり、この機会を逃さずきちんと問題の整理をしておかなくてはならない。

1．子どもに完全にしっぺ返しをくらわせられた

私は考えてみると、ここ数年子どもがかわいいなあ、と感じたことがなかったのではないかと思う。子どもの中に見えるもたれあい、なすり合い、自分勝手、要領の良さ等にすぐさま嫌悪感をもってしまい、それをたたきつぶそうとしていた。それが年々激しくなっている気がする。それはどうも職場の教師の姿を重ねて見ているから、余計腹立だしく思えるのだ。

そして、子どもだからと私は力で自分のレールに引き入れようと焦る。この習性は悲しい

ながら変わらないという予感がする。私はそれほど深く父の性を受け継いでいるように思うからである。若い時はもっと鷹揚で子どもと遊んだり、ふざけたりすることに心底打ち込め、楽しめたのであるが、子どもの質を高めたいという願いが強まると共に、反比例して怒りっぽくなっていく自分が悲しい。

2. 追求のある授業という意味をはきちがえていた。

私の教師生活も20年以上を経ている。自分で言うのもおかしいが、人並み以上に勉強もしてきたはずだ。確かに教材を解釈したり、授業を見る力や、子どもを含めて人間の内面の動きを読み取る力はついているだろう。

しかし、授業とは何かということになると、全く分かっていなかったのではないだろうか。授業を教師による演出で構成、まとまりをつけることのみ専念し、子どもの発言をどうつなぎ、否定し、アウフヘーベンしていくという地道な展開については骨を折ることをしなかったのである。

だから、いつでも教師は高みにいて、子どもをつりあげるという作業でしかなかった。こういう授業の連続では子どもたちはとても心を開かないし、二枚腰の強さをもつはずがない。課題の中に教師もきちんと降りて行って一緒に考えていく。その時には、授業の構成さえ忘れて没頭できる強さが教師にはなくてはだめなのである。

子どもと一緒に考えるとはそういうなりふりを捨てたところから出発すべきなのだ。高みにいて子どもをつりあげる授業をしていると、子どものたわいのない発言や断片的な発言に感動がもてなくなり、いらいらしてしまうことが多い。

今回の授業では、それがモロに出た気がする。だから待てなくなってしまう。参観している人の視線を気にしてしまい、帳尻を合わせようと小手先に走る。

ところが子どもの体はどんどん後ろへ引いてしまうのだ。ますますいらいらしてしまう。それらすべては教師の傲慢さが生んだ代物である。追求する課題は何なのか。今、子どもたちの中で問題になっているのは何なのかという整理を忘れてしまう。追求のある授業とは何か。改め考える必要がある。しかもそれは1の問題と密接に関係があるだけに気が重い。

16 「ゆったりと、だらっと」

朝、教室へ行ってみると社会科の作業をやっている。グラフや図を写したりする単純な作業なので気楽にやれるのかもしれない。それに漢字の練習のように同じ繰り返しではないのでやっていて興が乗ってくるのかもしれない。

こういう始まりは私の方も気負いがなくてすんなり授業に入ることができる。子どもたちが可愛く見える時というのは、やはり気負いやてらいがなく、生地のままの状態の時だ。その時は受け手である私も脱力している。教室全体がゆったりしている。子どもたちの話し声が小鳥のさえずりのように聞こえてくる。こういうような心と体を思う存分くつろげる時間を重ねることが少しずつ胸襟を開くことにつながっていく。

しかし、ゆったりとだらっとは、大変なちがいがある。目的があるかないかにかかってくる。ゆっくりと学んでいく。ゆっくりと考えていく。ゆっくりと作業をしていく。〝ゆっくり〟というリズムは大変難しい。ゆっくりとしたリズムで生活するということは、内容が必要だからである。内容がなければだらっとしてくる。その時はテンポを変えてやらなければいけないだろう。重さをとるために、テンポを軽快にしていく。追い込んだり、檄を飛ばしたり、しかしやはり〝ゆっくり〟したリズムがベースにはちがいない。

17 「人の心を揺さぶる合唱とは（映画「ビルマの竪琴」を観て）」

素晴らしい合唱が聴く者に激しい感動を与えるということは、どういうことなのだろう。歌声に込められた内面がある時は激しくぶつかり、波の如く引いて力を蓄える。しかもそれをつなぐ息遣い、無言の体の開き、すべて豊かで上品な解釈が基本となっている。イメージと言ってもいいだろう。イメージをもつ余裕さえなく、ただ歌の世界にぎりぎりの状態で浸って歌い続けるというのも、臨場感があっていいけど、それだけではやはり聴く者はしんどい。

そして、逆にイメージだけが優先してしまい、余裕をもって歌っている場合は凝縮した感じがなく、うまさのみ目立って激しく心を揺さぶられることがない。それでは、その両方が（臨場感とイメージ）生きて人の心を揺さぶる合唱とはどういうものなのか。それは強い願いである。

「ビルマの竪琴」を視ながらそれを改めて確認させられた気がする。水島上等兵に自分たちの思いを伝えようとする強い願い。コトバで呼びかけるには、内面の感情のひだには、複雑に交差し、泉の如く次から次へと叫びたい感情は膨らんでくる。それを伝えるには、全身で「埴生の宿」を歌うことしかないのだ。「埴生の宿」を歌うことで、内面は一つの流れを生み、激しい波を起こしていく。それが更に重なり、更に大きくなって聴く者の心に伝わっていくのだろう。

子どもの心を一つにさせる合唱から、子どもが一人ひとり願いをもって、歌い込んでいく合唱を目指していかなければならない。それには何のために歌うのか、誰に自分の内面を伝えるのか、また内面にどれだけ強い願いをもてるか。

18 「厳しく現実と自分の力を見つめ、それでもなおかつ、高みに登ろうとする行為は、荒野のまっ只中で星を頼りに歩く行為に似ている」

自分で自分の力量の貧しさや人間的に欠けた面に気付くことで滅入ることも多いのに、その上に自分の実践や教育者としての考え方を述べることで人との間にひびが入り、それが自分の中にこだわりを残すのはやりきれない。厳しく現実と自分の力を見つめ、それでもなおかつ、高みに登ろうとする行為は、荒野のまっ只中で星を頼りに歩く行為に似ている。

現場の現実はそうである。仲間を求めながら、仲間はどんどん離れていく。通常、教師集団と呼んでいるものは、個性的な実践をできるだけ押さえ、一人の責任をみんなの責任にすることで、お互いの身を守るバリアをつくることのように思える。力量や資質は先天的なものではない。磨くものでたかまっていくものだ。それも安易な磨き方ではなく、自分を吟味しながらも常に少しでもいい実践をつくろうとする熱がなくてはならぬ。

確かに教師も人間だから、鉄人のように日を送るわけにはいかぬ。横着になったり、傲慢になったり、人にジェラシーを感じたりして、スランプに陥る。その時はじっと自分の気持ちが充電するのを待てばいい。人の話に耳を傾ければいい。自分で勉強をすればいい。そして、また新しい情熱をもってやっていく。

すぐれた教師集団なら一人が落ち込んだ時でさえ、必ず情熱をかきたててくれる事実が転がっているはずだ。慰めや励ましもいい。でも大切なのはすぐれた事実なのだ。すぐれた事実は、口先の慰めや励ましよりどんなに力を与えてくれることか。

今年もまちがいなく、荒野を歩くことになるだろう。途中何度か陰湿地帯に足を踏み込むことになろうが、できるだけ避けるようにして自分自身のための荒野歩行にしたいと思う。私にはもうそんなにたっぷりした時間はないのだから。

19 「教師と子どもの可能性」

教師の仕事は、子どもの可能性を信じて専心する職業である。それは同時に、子どもとのぶつかり合いの中で、自分自身の可能性を高めていく営みとも言える。自分の中にどれだけの可能性が眠っているか。それは、誰しも簡単にはつかむことはできない。自分自身の内面に働きかけ、掘り当てていく作業をしない限り決して見えてこない。しかもひとつずつ石を積み上げていくような息の長い努力を必要とする作業である。

私は、ラクガキ抄と題して自分の実践に沿いながら教師としての力量、子どもへの対応、そこから生ずる自分の人間性に焦点をあてて、正直に綴る時間をもつようにしている。それは、ひとえに自分の中に何かを起こし、少しでも豊かな教師に変わりたいという願いに他ならない。自分を厳しく見つめながら歩むということは、自分の中に眠っている可能性を、きっと引き出してくれるにちがいないと信じるからである。

こんにち、教員の資質向上が巷で騒がれるということ、裏を返せば現代の教師に淀みに浮かぶ泡沫のように、暗い面があるということだろう。その要因を私は教師の膠着した精神性の中に感ずる。子どもや親に対して変わることを要求しながら、自分の方は旧態依然としている。従って同僚の間でも自分の内面には踏み込むことは許さず、やりやすさ、統制しやすさ、仲の良さ、表面的だけで帳尻を合わせているようなところがある。教育とは、そんなきれいごとではない。もっとみんなが泥んこになって取り組んでいく仕事なはずである。

20 「子どもと自然な姿で対面する」

子どもと自然な姿で対面する。これが昨年度から自分に課したテーマである。子どもとのつながりをある時は、バロック音楽のように華やかに、室内楽のようにゆったりと甘く、ある時はシンフォニーのように激しい中に統一と変化をもって、またある時は子守歌のようにやさしくつつむようにありたいと願って立てたテーマであった。そして、それは、やさしさとは何だろう。自分の中に潜んでいるやさしさを引き出し少しでも高めてみたいという願いということに問題が広がっていった。

授業の中で自然な姿とは何だろう。私が「ここはどういうことが書いてあるの」と問いかける。指名された子がじっとすわったまま答えない。その時、教師の自然な対応とはどうなのか。浮かんでくるものを羅列してみよう。

1．まず、その子がどうして答えないかを内面にまで入って捉えようと努力すること。

① 心がひらいていないために人前で話そうとしないのか。

② 問いに対して自分の考えをもとうとしなかったのか。

③ 教師の問いの意味がよくわからないのか。

④ 心が動いているのだが、考えがまとまらないのか。

※①と②については教師の願いの密度による。③と④は教師の発問の工夫や捕捉助言が大切。教師は授業の組織者である。①と②の子に直面した時、どう対応すべきなのかの決断をその時しなくてはならない。答えてくれるまでじっと待つのが答えやすいように問

題を単純化し、つきつけていくか、或いはその子の表情を頭に入れながら、他に方向を変えていくか。

2. 教師自身に動いている判断にメスを入れてみる。

本当にどの子も授業の中に引き入れようとしているか。ただ、その子を傷つけないために、深くは触れないで適当に通り過ぎようとしているか。それらは授業の展開をスムーズにさせることを考えることが多いようだ。ここでは深い教材解釈に支えられた教師のふところの広さが要求される。

3. 教材ときちっと対面しているか、展開が一本調子になっていないか。

暗黙のうちに一つの方向ができていて自由な発想による別な角度から考えることを許さないものになってしまうことがある。子どもが断片的に言ったり、少し言葉足らずに言っていることを拡大して、味をつけ、また子どもに返してやれる解釈を教師がもっているかが、重要になってくる。何でも言わせればいいというのではない。

←

こう考えてくると、自然に対応するとは、子ども、教材そして教師自身の三つに同時に視点がいっていなくてはならない。子どもや教材だけを見ていると、とかく、教師のひとりよがりになってしまい、いい解釈をもっていても教師がひっぱってしまう授業になってしまい、子どもから学ぶということは生まれない。子どもに問う時は同時に自分自身にも問うものでなくてはならない。子どもを見る、教材を見る、自分を見るの三つはどう関わり合っているのだろう。いやどう結び合わなければいけないのだろう。

ここにこそ、子どもとの対応を自然にする鍵があるし、自分を変えていく幹があるような気がする。そして、それは自分の人間性に探りを入れることでもある。

21 「鎌倉の海に向かって『真白き富士の嶺』を歌う」

鎌倉を社会科見学の地として選ぶ学校は多いが稲村ケ崎を指定地にする学校はほとんどないであろう。まして、ボートの碑の前で海に向かって合唱する子どもたちは皆無と言っていいにちがいない。大杉東小学校6年生はそれを敢えて計画し、実行したのである。3月の学習発表会の幕開けに歌ったのがこの「真白き富士の嶺」である。情感を込めて歌う子どもたちを指揮しながら、私は6年になったら、必ずや実際の地に行き、心を込めて歌いあげたいと考えていた。それは感傷にすぎないが、清い感傷は一つでも多く経験しておいた方がいい。

そうすることが、奥に眠っている微妙な神経を揺り動かす力となるのだから。聞こえなかった心揺れに耳を傾け、見えなかった心の映像に気付く瞬間となると私は信じる。

陽は照っていないが風もなく肌を刺すような寒さはない。ボートの碑に立って七里が浜沿いに視線を伸ばすと江ノ島にぶつかる。晴れていれば、その上に富士の雄姿が弧を描くはずなのだが、それを花曇りの空が覆い隠しているのが、ちょっぴり恨めしい。たゆとう波の音、なつかしい潮の香、空と海のぶつかる線、海は常に永遠を感じさせる。

明治43年1月13日、尊い12名の子どもの命を飲み込んだこの七里ガ浜の海は今日も悠久としたうねりを繰り返している。子どもたちは何に呼びかけ、どんな思いで歌い上げるのだろう。軽く発声練習をした後、力むことなく、自然に歌い出した。子どもたちの声が海に流れ出す。薄曇りの空に飛翔していく。子どもたちの声に合わせて波が時々白い腹を見せて悲しみのしぶきをあげる。

もしかすると海は80年前のことを思い出したかもしれない。あるいはわだつみとなってしまった12名の子どもたちの魂が蘇ったのかもしれない。子どもたちの合唱と海の高鳴りが一つに溶け合って空へ空へと昇っていく。つつましいながらも心のこもったレクイエムが、今展開している。

私はそんな感傷に浸っていた。通りかかった老夫婦が海を見つめて73人の子どもたちの姿にくぎ付けになり、目頭を熱くされていたという。清い感傷は人の心に安らぎを与え、暗黒のうちに人の心に絆をつくるものなのである。

22 「研究授業にて」

今日の研究授業は、私にとって最後になるかもしれない。そう考えるとできるだけ気張らず、ごく自然な中に追求を起こす授業にしたいという願いが強かった。だから、子どもたちにも前日まで知らせなかった。ふだんやっている授業の延長として考えるよう努めてきたが、周りの人は「近づきましたね」とか、「楽しみにしています」とか、言ってプレッシャーを与える。

しかし、私としてはなるべくそれに乗らないようにして、できるだけ平静を装うようにしてきた。昨夜の授業展開のことには、意識してあたらず、前もって立てた授業の流れを、一度捨ててみることにした。子どもがどんな発言をするのか、どこにこだわりをもつのか、それをきちっと受け止めるところから出発したいと考えたからである。

私は、研究協議の初めに、「今日の授業は子どもがつくる授業と考えていた。私は子どもの意見をしっかり聴き、それをつなげたり、ふくらませたりしていけばいい、そう考えていた。だから、不安と言えば不安だった。子どもがメモをしている時の机間巡視は、私にとって授業の作戦を立てる時間でもあったのである」と言った。

今日の合評は、前回に比べると私には多少不満が残っている。それは、心の中に揺れ動いている気持ちをぴったりした言葉で言えなかった消化不良の気持ちが、子どもたちの中にあった気がするからである。何が原因しているのか、もう一度吟味してみる必要がある。

しかし、授業の流れは淀むことなく柔らかく進行していった。一人ひとりの子どもが、自分の考えを述べる力があったからである。どんなことを発言してもクラスがきちんと受け止めてくれる安心感があるからである。松平信久先生が今日の授業を評して、「むだなものが切り取られて一服の俳画を見る気がした。」と言われたこと、素直に嬉しく思いたい。

23 「概念砕き」

概念砕きという言葉が使われたのはもうかなり古い。すっかり実践用語として定着したように思われるけれど、実際の指導の中では、ほとんど進展してはいない。「嬉しい」とか「悲しい」といった形容詞が概念語であるということは教師も子どももよく分かるから、その点にはふれられているようだ。

けれど、概念語はそれだけではない。一見具体を指示しているような言葉でも概念語になってしまう場合がある。また、「嬉しい」とか「悲しい」とかいった一般的には概念語と言われる言葉が全てだめだというのでもない。効果的に使われることだってあるのだ。どうも、このあたりの入り組んだ感じがもう一つ明確にならなくて、各教師の感性に委ねられてしまっている。

私は「概念」という言葉の意味を具体的な文章に即して繰り返し明示していくことが必要な気がする。「これが概念なのだよ。だから読み手には、何の絵もできないし、心に突き刺さってこない。」「概念がすべて悪いのではない。ただ一番詩の中心にあたる部分はできるだけ、概念的な言い方は避ける。色、形、動き、表情といった部分の中に、心をはっとさせるものを探すのです。」今日は子どもたちが書いた詩に即して「ここが概念的なのだよ。」「これじゃ読み手には、何も伝わらない。」「もっと自分で見つけた感じを自分の言葉で書くことだ。」「それは大変辛い行為だ。辛いから価値がある。」などと話した。

24 「小さな研究会〜糸杉の会〜」

私は8年前に小さな研究会をもつことを決意した。その動機は型や形式など、うわべをなでている研究会では、教師の本当の力量は育たないと思ったからである。私は子どもの可能性を信じるように、教師の可能性を信ずる。これは私を含めてである。

そして、この二つの関係は不可分だと考える。教師が力を付ければ、子どもの力は自ずと伸びていく。子どもの可能性を引き出すためには、教師が自らの可能性を信じて、切磋琢磨する以外にない。低い次元で学年の歩調を合わすことに気を配ったり、互いに痛いところに触れないことを暗黙の了解としているような学校の中では、教師の可能性は決して芽生えていかない。このごく当たり前のことを胸に深く刻み、亀のように私は、がんばってきた。

25 「授業は生き物である」

20数年にわたって、教師生活を続けてきても、授業は難しい。私は私なりに少しは勉強し努力してきたはずなのだが、子どもへの対応、集中度、せりあがりなど、授業の中身の濃さを厳しく見つめていくと、自分の力不足だけが目についてきて、なかなか満足した気分になれない。一生懸命教材研究をして臨めば、豊かな授業になるとは限らない。うまく展開しているなあと思っていても、後で気が付いてみると、それは、教師が引いたレールの上に子どもをただ乗っけているにすぎない場合が多い。

だからと言って、いい加減なおさらいで気軽に授業に臨めばせり上がりのある授業にはならない。授業は生き物なのである。綿密に立てた授業計画であっても子どもの前に立ったら、それを捨てることだという気がする。捨てることによって、子どもの声がよく聞こえ、表情が見えてくる。事前の自分の解釈ばかりにこだわっていると、子どもの言っていることを自分の軸に合わせて聞いてしまうから、子どもの発言をつなげたり、膨らませたりできない。

授業計画は立てるけど、立てた授業計画を捨てる。これは①自分の内面で一つの険しい山を越えて、自由になることだと考えたりしたことがあったが、②教材の解釈を一本の直線にとらえるのではなく、螺旋とか円運動としてとらえることだと思ったり、最近では緊張の中で私自身がどれだけ自然におれるかということに、①②を含有しながら変わってきている。とにかく、授業は生き物なのである。時と共に変化し成長（？）するらしい。

詩教材の実践

前島先生が取り上げた教材は、文学が好きなこともあり、やはり国語が多い。その中で詩教材がとりわけ多い。教材の全体像が一目で見えるのが詩・俳句・短歌などであり、子どもたちが集中しやすいからだと、生前おっしゃっていた。先生の取り上げた詩人は30人あまり、糸杉の会などの研究会にレポートした数を加えれば50人を超えるだろう。

（豊歳　寛）

Ⅰ　詩の読解指導

1　教材「竹」

「竹」

光る地面に竹が生え
青竹が生え
地下には竹の根が生え
根がしだいにほそらみ
根の先より繊毛が生え
かすかにけぶる繊毛が生え
かすかにふるえ

かたき地面に竹が生え
地上にするどく竹が生え
まっしぐらに竹が生え
凍れる節々りんりんと
青空のもとに竹が生え
竹、竹、竹が生え

先生は、この詩の授業展開の核として、かすかにふるえという言葉に着目した。その核に近づくために、季節はいつかなどの全体を攻めながら、一連と二連の違いを比べて焦点を絞った。作者は何にふるえているのかという発問でこの詩を味わおうとした。

（豊歳　寛）

（1）「竹」の教材研究

（導入）

語句から触発されるイメージをもつ。

りんりんと→勇気りんりん、きしむように、

寒さのきしむ様子、勇ましい、
勇気を奮い起こして。

けぶる→煙る、かすんでいる
繊毛→毛みたいなもの、竹の子）はっきりしていない。ぼやっとしている。しかしかすかにふるえている→竹自身も気が付かないところで、はっきり意識できない地下の奥で繊毛がふるえている。
青空の下に→清澄な世界だが、漠然とした不安な世界。無限に続く空の世界

（考察）
①季節はいつか。
春、冬、春から冬
肌を刺すような感じの寒さ（身が引き締まるような）
※どの言葉が季節を感じるのか。（問いとして）
②一連と二連の違い（徹底的に比較する）
（一連）地下に向かう（二連）地上に向かう光る地面　⇕かたき地面

（光が当たってる、ぬくもり、ぱっと光り輝いている）感じ。　（薄暗いところでぼうっと燃えているろうそくのような優しく包むような光）

青竹（未成熟）　⇕青空
地下には竹の根が生え　⇕凍れる節々、まっしぐらに生え
※地上と地中における竹の姿のちがいに気付かせたい。
※まっすぐにとまっしぐらに
※すくすくとりんりんと
育ちがゆっくり　⇕急に育つ
やわらかい　⇕するどい
弱弱しい　⇕力強い
暗い　⇕厳しい、明るい
気持ち悪い　⇕清潔
女性的　⇕男性的
作者の目が地下に　⇕作者の目が上へ上へと向いている
（作者の向いている求めているもの）

光る地面　⇕かたき地面
ほそらみ　⇕するどく（切れるように）
かすかに　⇕まっしぐら
ふるえる　⇕凍れる節々

二つの面が一つになって、竹ができあがっている。

（作者の内面）
・内に向かう
・入り組んだ情念の世界に浸る
・不健康度
・自分の殻に閉じこもる（妄想）
・根はどんどんほそっていく。入り乱れ、蜘蛛の巣に引っかかって網にもがく。
・かすかにふるえ→罪の意識

（大きな展開の核になる問い①）

? 〝かすかにふるえ〟というのはどういうことか。なぜふるえているのか。何に対してふるえているのか。

まっしぐらに
↓
わきめもふらずに
↓
一生懸命

力が入っている（何かをかき消そうとして一生懸命になっている）
※作者は間違いなく地中に思いをはせる時の方が気を休める。
◎喜びにふるえているのか。
◎悲しみにふるえているのか。
◎おそれを感じてこわがっているのか。
◎自分がこれから生きていくことの不安。
※竹を人にたとえると繊毛（ほとんど目に見えない小さい毛）は毛細血管（神経）
〝ふるえ〟とは？
人間（詩人）がもっている業

根がしだいにほそらみ、
根の先より繊毛が生え
←
いろいろないやらしい考えが錯綜してい
ることを
←
複雑にぐにゃぐにゃといろいろなことを
考えている。

・自分の心は決してすみきっていない。
・奥の方では、人をねたみ、軽蔑。暗示している。自分勝手にものを考えている。
・人との摩擦をおそれている。
・自分だけの世界に閉じこもっている。

←
生きていく上の支柱になっているところがあり竹と同じ。

強いもの（二連）の下には弱いもの（一連）がいる。地上では自分は強いものと見せていても、心ではやっぱり弱いのではないか。

（大きな展開の核になる問い②）

?「まっしぐらに生え」と「まっすぐに生え」のちがいは。

《まっしぐら　⇕まっすぐに》
やわらかそうに生えている　⇕ぼう
どこまでも続いている　⇕りが続いている
目的をもっている　⇕られている
突き刺さっていくように　⇕隙がある
いきおいがある　⇕のことを考えたらだめになる
わきめもふらず

◎二連は、罪の意識を振り払うように、暗闇の世界へとび出す。体を鋭くして突き抜けなくてはならない。

◎凍れる節→凍るということは意志を固めるように。（時間が止まるということ）

◎凍結するには、暗闇の世界の下降しないため。上降した意志がゆるまないように。節を作らないとひきもどされる不安。

（大きな展開の核になる問い③）

?作者は竹の中に何を見ているのか。

◎自分の心↓上（表面、意識）

下（胸の奥、無意識）

◎自分の過去と未来。

◎正直な自分と願いの自分がいる。

◎人間は二つの矛盾する気持ちを包含しながら生きている。

◎竹は、まっしぐらに勇気をもって伸びるけれど、また自分の暗い世界に閉じこもる。でもそれではいけないとまた上昇する。上昇、下降を繰り返すのが人生。

2 教材「月夜の浜辺」

月夜の浜辺　　中原中也

月夜の晩に、ボタンが一つ
波打際に、落ちていた。

それを拾つて、役立てようと

僕は思つたわけでもないが
なぜだかそれを、捨てるに忍びず
僕はそれを、袂に入れた。

月夜の晩に、ボタンが一つ
波打際に、落ちていた。

それを拾つて、役立てようと
僕は思つたわけでもないが
　月に向かつてそれは抛れず
　波に向かつてそれは抛れず
僕はそれを、袂に入れた。

月夜の晩に、拾つたボタンは
指先に沁み、心に沁みた。

月夜の晩に、拾ったボタンは
どうしてそれが、捨てられようか？

(1)「月夜の浜辺」の教材研究

(詩全体の感想、解釈として)

◎孤独な魂の美しさ、寂しさというものを、深く感じさせてくれる詩である。

◎人生には何の役にも立たず、なんでもないものでありながら、妙にひっかかるものがある。

◎ボタン～一人の人間のある生活やある肉体を感じているようだ。

◎役立てる(これはボタンだけのことを言っているのではない。ふと無意識のうちに拾ったボタン、それをシャツや洋服に使うためと考えたのではない。役立てるなんて意識はない。ふと、自分の中に役立つという概念が霞のように広がる。詩を書くということは、社会に役立てるということではない。社会に役立つように詩をかいているわけではない。このボタンと同じだ。

◎世間からは役立たずと見られる詩人は拾った一つのボタンに自分の寂しさと、ひいては人間の寂しさを感じている。

◎波打際のもつ意味(自分の意志に関係なく寄せては返す波、それにただ身をゆだねるのみ、

そこから逃れたい。しかし逃れられない。波打際とは、そういう境界である）
◎月夜の晩（おそらく満月だろう。穏やかな微風。月はこうこうと浜辺を照らしている。悠々とした波の音、誰もいない。夜のとばりは一層増している）
◎作者の様子（作者は下駄を脱いで、ひんやりする砂をふんでいるにちがいない。砂浜に腰をおろし、月夜の静けさに溶け込むように体力を抜いていく。このまま時間が永遠に止まったらどんなにかいいだろう）
◎ボタン（光り輝いていた。自分を主張するように、月夜だからこそ、昼間見れば何の変哲もないボタン。砂に吸収され光を放たないにちがいない。しかし、昼間の騒々しさが去って、あたりに静寂が戻ると、人知れず光を放ち自己主張しているようなボタン）
◎捨てるに忍びず……袂に入れた。
（そのボタンを拾い上げた。役立てようと思ったわけでもない。とりたてて美しく目を見張らせるようなボタンではない。
A：ボタンそのものの美しさ、形に魅せられた。
B：ボタンの置かれている様子、状況に魅せられた。
どちらにより多く作者は魅せられたのか。恐らくBだろう。袂に入れたは、自分の中にとり入れる行為だ。抵抗なくボタンを迎え入れることができたということは、このボタンは

作者にとって異質な存在ではない。同化できるものだった。深い理屈から起こったものではない）

◎沁みる（沁みるという精神作用は満ち足りている時には決して起こらない。自分を理解してほしい。分かってもらいたい。人の情や優しい気づかいに飢えたように求めている時に心に沁みるのである）

◎予想される作者の行為

拾い上げる↓ボタンをじっくり見つめる。裏に返して見たり、月明かりに透かして見たり↓周りを見渡す↓捨てるに忍びない（月に向かって放ってやろうか、波に向かって放ってやろうか）↓袂に入れた（寂しい者同士、波打際で揺れている。自分の袂に入れてやるのが一番いい）

（形象を読むということ）

形、象（すがた）、におい、色、そして心の動き。自然や物というものは、それ自体心をもっていない。ところが物と物がぶつかり合うと、そこには一つの緊張が生まれる。この詩で言うと、月夜の晩、浜辺、ボタンが一つ。それだけで一つの世界が生まれる。

しかし、結局それに意味をもたせ、ある感情を抱くのは人間である。ボタンはボタンでしかない。月夜の晩が珍しいわけではない。でも人間はそこに新しい世界を感じることができる。

(2)「月夜の浜辺」の授業の実際

(授業の流れ)

『追求課題』

ぼくはどうして月夜の浜辺に落ちていたボタンが気になったのだろう。

↓

ひとり勉強(意味の分からない言葉を辞書で引く。浜辺、忍ぶ、袂、沁みるなど。頭に浮かぶ景色の様子を簡単に書き込む。ボタンはどんなものか。音読の練習)

↓

T:作者にはどうしてボタンがそんなに心にひっかかったのか。

T:ぼくというのは誰のこと。

T:ぼくはどんな気持ちの時に浜辺にやって来たのだろう。

C:楽しいことがあった時。

C:つらいことがあった時。

C：寂しくってしようがない時。
T：ぼくは何をしにこの浜辺にやって来たのか。
T：波打際に落ちている一つのボタンがぼくにはどんなふうに見えたのだろう。
C：きれいだなあ。
C：月の光に照らされて、きらきらと光っている。
T：ただきれいだなと思っただけか。
C：何か寂しそうだなあ。一つだけぽつんとあるから。
T：広い浜辺に忘れられたように落ちているボタンだから。
C：ぼくに似ているなあ。
T：ボタンは自分に似ていると思ったのか、全然ちがうと思ったのか。
T：何が似ていると思ったのか。
T：拾ったボタンは温かったのか、冷たかったのか。
←
それは、指先に沁み、心に沁みたと言っているのだから、表面の冷たさが、ちょうど自分の寂しい心の中にぐんぐん入り込んでいく。
T：どうしてボタンの何がそんなにも沁みるのか。

C：ボタンの冷たさ。
C：長い間波に洗われた冷たさ。
C：誰からも見捨ててこられた冷たさ。
T：ぼくはどうしてそのボタンを月に向かって抛れずと言っているのだろう。
C：月と自分を比べたんじゃないか。月はいつも高く、気高く、美しく輝いている。波はもまれる、寄せては返す世の中の荒波。

※中原中也のこと……
「人に勝たらん心のみ、いそがはしき
熱を痛む風景ばかり、かなしきはなし」（詩集「山羊の歌」から）
自分を捨てて去った愛人（長谷川泰子）の、けれどもまっすぐな心をたたえ、自らを責め未練と悲傷を訴え、かと思えば兄のような心づかいを見せ、痛む心の平安を希求する作品。
中原の生涯が不幸であったということ、世の中に容れられなかった。彼の存在自身の中に世間……世間だけでなく人生そのものに折り合えないものがあった。不幸になってしまったという認識。中原の主張にはいつも自己を越える大きいものに対する感覚が常につきまとっている。片方で非常に自我を主張するというように見える。

3　教材「海の若者」

海の若者　　　　　佐藤春夫

若者は海で生まれた。
風を孕んだ帆の乳房で育つた。
すばらしく巨きくなつた。
或る日　海へ出て
彼は　もう　帰らない。
もしかするとあのどつしりした足どりで
海へ大股に歩み込んだのだ。
とり残された者どもは
泣いて小さな墓をたてた。

（1）「海の若者」の教材研究

（詩の解釈）

◎話者の外の目を通して語られている

はじめの三行（三行ともたで言い切っているのが躍動的である）

見事に海で育った、たくましい若者の姿

風を孕んだ帆の　乳房

↓　↓

いかにも大きく勇ましく、　やわらかく、やさしい、

力強いイメージ　温かいイメージ

（ここでは隠喩の表現を用いることによって自然の厳しさ、温かさの中でたくましく、やさしい人に育ったという感じが出てくる）

◎春夫の口語詩の中でも、最も成功したものの一つである。

◎男性的なものが十分発揮されている。

◎詩の展開の早さは、巨大な若者のたくましい足どりのようだ。

◎短いが複雑な物語を含んだ叙事詩的な構成をもっている。

◎言い切りがはっきりしていて強く雄々しい。
切って捨てたようなかっきりとした一句一句に、大幅な飛躍がある。
◎最後の一句に深い抒情味をたたえて、見事な出来栄えである。
◎初めの三行は若者の生誕から成長までを歌っている。
「海で生まれた」↓海の申し子のように、海の命をうけて生まれたという意だが、海の息吹をいっぱいに吸って育った。（これは母の健康なはちきれんばかりの乳房を思い……。

生きて行くための大切な糧として）
◎海で生まれた↓①海のそばで、（空間的な位置で）②海の世界で（大自然の申し子のようだ）
◎若者は生まれると同時に海を船で乗り回し、怒涛を乗り越えて生きている。
「すばらしく」……俗だが、素朴で雄大なイメージにふさわしい。
◎巨きくなった↓単なる体だけではなく、精神的にも大きくなった。
◎三行目と四行目に言葉をいっぱい詰めたいのだが、詩人はそこをひとまたぎしてしまう。
◎巨きな若者（夢の大きさ）と小さな墓（現実のみすぼらしさ）の対比
◎或る日　海に出て　彼は　もう　帰らない
わかち書きになっている。（絶句せざるをえないリズム）その行間にいろいろな思いがこめられている。海に出て行くのは日常的な行動であるのかもしれない。けれど、「或る日」という言葉のもっている重み、どうすることもできない何かが働いているのかもしれない。

◎「もしかすると」→舌足らずの俗語。不確かさ、頼りなさ→前の二行のはかなさと関係する。

◎「もしかすると〜なのだ。」→推量と断定が入り交ざっている。どっしりとした足どりで帰ってくるかもしれない。いやそうではない。そんなことはありえない。〜なんかだという断定的な言い方は、話者の強い願望を表している。読み手にもそう思い込ませようとしている。

◎「海に歩み込んでいく」→若者の背のあたりには、悲愴感がただよっている。それは、なんのための悲哀でもない。ただ、この世にあるということのためにすべての事物にまつわりついている悲哀である。

◎「とり残された者ども」→若者は彼らにとってゆめであった。何もできない彼らは、自分たちの夢を失った悲しみのために小さな墓を立てた。

◎「小さな墓を立てた」→多くの人々の心の片隅にしっかりと刻み込まれている。小さな墓をもって弔うしかすべのない人々の悲しみ。

（2）「海の若者」の授業の実際

C：各読

T：読めない漢字があったら言ってごらん。

C：孕んだ、帆（絵を描く）風を孕んだ帆（風をいっぱいに含んだ帆）、乳房、大股、大股に歩む（動作で示す）。

T：漢字も分かった。言葉の意味も分かった。今度はこの詩の中で特に大切にしたいなあと思う言葉を自分で考えて、ゆっくりと詩の世界に自分を入れるように声を出して読んでごらん。

指名読み（三人）

※必ずコメントをつける。

T：少し詩の世界が見えてきたかな。初めから少しずつ見ていこうね。まず詩の題です。海の若者という題からどんな若者を連想しますか。自由に言ってください。

C：がっしりとした体、たくましい体。

C：心が広いんじゃないかな。

C：海といつも戦っている。

T：がっしりとしたたくましい若者が浮かんでくる。それでは次です。「若者は海で生まれた」（読む）海で生まれたのです。これはどういうことを言おうとしているのか。海の中で生まれるわけはない。海でという意味をふくらませて考えるといいね。

C：海の近くで生まれた。

C：船の上で。

C：漁師の家で。

T：海でというのは海の近くということだ。

いろいろ出て来たけれど、生まれながらに海とのつながりをもって、この世に生まれてきたということですね。次はむずかしいよ。「風を孕んだ帆の乳房で育った。」ここのところを文の通りに解釈すると、赤ちゃんがお母さんのおっぱいで毎日たっぷり飲むことですくすく成長するように、若者は潮風をいっぱい含んだ帆を乳房として成長のもととして育ったと言っています。これはどういうことだろう。海はね、いつも同じじゃないよね。毎日海と向かい合って生活していると、海はいろいろな表情を見せるはずだよ。ある時……またある時はというふうに。

C：海が荒れて、怒っている時。

C：うんと波が静かできれいな時、波の音が子守歌のように聞こえてくる時。

C：朝日が水平線に昇る時。夕日が沈む時、とっても美しい時。

T：そう、海の怒りや大きさ、やさしさ、美しさ、そういうものを大事な栄養として、自分が成長していくものとして育ったと言っているんだね。そして「すばらしく巨きくなった。」のです。①大きくと②巨きくの違いを言ってください。

C：①は体だけ大きくなったという感じだけど、②の方は心も大きく、たくましくなったという感じがする。

T：そうですね。そういうことだろうね。

「或る日、海へ出て彼はもう帰らない。」

ここのところはよく見ると他のところとちがうところがあるよ。さがしてごらん。

C：あけて書いてある。

T：そう、よく見つけたね。こういうのをわかち書きと言うんです。作者はね、気まぐれで、ここだけわかち書きをしたんじゃないのです。ここにある思いを込めてわかち書きをしているはずなんです。さあ、わかち書きが生きるように読み方を工夫してごらん。

C：三人程指名読み。

T：若者に何が起こったのだろう。

T：死んだのだと思った人は。理由も言えるかな。

C：後の方で小さな墓をたてたとあるから。

C：若者は海で死んだ。嵐に会って。
C：つらいことがあって自殺した。
T：他は。
C：どこか遠くへ行ってしまって帰ってこない。
T：同じところをもう一人読んでもらおう。
（Aくんは今、こう読みましたね。）Aくんの読みを①とする。そして（息を切らないで読む。）先生の読んだのを②とする。先生が今から二つの読み方をします。よく聞いていて。感じのちがいを言ってください。
C：②の方はうんと悲しい感じがする。
C：②は悲しみをこらえている感じがする。
T：もう一つ聞こうかな。作者は若者がどういう理由で、もう帰ってこないんか知っているのかな、あるいは知らないのかな。
C：知っていると思う人（多）
T：そうすると、作者は知っているけど、若者の死の理由を語りたくないのだとも言えますね。それがわかち書きとなって表れているのかもしれません。
T：「もしかすると、あのどつしりとした足どりで海へ大股に歩み込んだのだ。」この文ちょっとおかしいんじゃない。もしかするとではじまれば、ふつう、終わりは歩み込んだのだろうのはずだ。でも作者はそう書きたかったのです。なぜですか。二つのちがいから考えてもいいよ。

T：これはだれが言っているの。

C：作者。

C：自分から海へ入って行ったのだと思ってやりたい。

C：自分で決意してという感じがある。

T：断定の方は力強い。

T：でもやはり、もしかするとなのだね。

T：「とり残された者どもは、泣いて小さな墓をたてた」とあるが、とり残された者どもは具体的に言うと。

C：父や母。

C：兄弟。

C：恋人。

C：若者を慕っていた、好きだった人々。

T：それだけかな。この小さな墓は誰のためにたてたのか。

C：若者。

T：それだけかなあ。先生は若者のためだけではないと思うんだ。

※若者は海に生まれたのです。海が教えてくれる強さ、大きさ、美しさを栄養として、育ったのです。そして、素晴らしく心も体もたくましくなったのです。ですから、若者はきっと若者をとりまく人たちの生きて行く希望であり、憧れであったにちがいない。それが或る日、海に出てもう帰ってこないのです。とり残された人たちは、泣いて小さな墓をたてた。それがはたして若者のためだけだったのだろうか。

C：自分たちのため（もう少し説明して）自分たちの生きて行く希望を失った悲しみを刻み込むため。

C：悲しみを心の記念碑とするため。

C：自分たちの悲しみを忘れないために。

C：つらい現実をしっかり見つめるために。

T：そうでしょうね。若者の死を悼むと同時に自分たちの生きて行く希望を失った悲しみを忘れないために墓をたてたのだと先生も思います。さあ、それでは今まで勉強したことを頭に入れて音読してみてください。（指名読み二人）

T：大変内面的にいい読み方ですね。最後にもう一つここのところを頭に浮かべてください。

「もしかすると……歩み込んだのだ。」これは作者の描いた映像です。でもね。みんなにも見えてくるでしょう。背中を見せて海へ去っていく若者の姿が！　その表情は晴々しているかな、それとも寂しそうかな。

～どちらかに挙手させる～

T：はい。ありがとう。最後に先生が朗読してみます。

よく練られていた授業の展開の中で、子どもたちが学ぶ喜びをもって授業を受けている様子が見える。自分の解釈をあまり無理強いをせずに、子どもたちと一緒に学んでいる先生の姿がここにある。

（豊歳　寛）

Ⅱ　詩作指導

詩をかくとは……

詩とは言葉で絵をかくこと。絵にもいろいろある。本物そっくりにかく絵もあれば、シャガールのように夢のような楽しい世界を描く絵もある。ゴッホやルオーのように自分の意志をキャンバスにぶつけていく絵もあるし、逆に水墨画のように内面の意志をできるだけ抑えて静謐に描くものもある。そして、ピカソのようにいろいろな視点から見た像を変形し構成していく絵もあるし、カンディンスキーやモンドリアンのように図案化していく絵もある。

詩にも同じことが言える。高村光太郎と萩原朔太郎の詩はちがう。同じように平易な表現を使っても、サトウハチローと八木重吉では、テーマも表現方法もちがう。しかし、画家も詩人もつまるところ自分を見ている。見る対象がちがい、テーマがちがい、表現方法がちがっても、対象を見つめながら、実は自分の内面に動くものと対話していることは、まちがいない気がする。美しい音のハーモニーをつくる営みの中で、イメージを広げ、心に問いかけていった時、ふだんは眠っているその感情が目を覚ました。そして詩にすることで、全く別の自分を見つけだしていった。詩をかくとは、新しい自分を発見し新しい自分に出会おうとする行為である。

「冬を見つける」

何を言いたいのか、何を表現したいのか。対象の中に何か大切なものを見る、見つける。観察力を土台にして。言葉を凝縮させながら、どれだけ詩語をつかむことができるか。

←描く対象とは……

いつも自分と関わりをもっている。関わりがあるから詩になるのである。しかも、その対象に対してメッセージをおくることなのだ。

例えば……

①新聞紙が風に翻っている様子の中に、荒涼とした今の自分の気持ちを見たのか、誰にも干渉されないで舞っている。

②犬の遠吠えの中に自分の哀しみを見つけたのか、昔の自分の姿を見い出したのか、それらが二重写しになってくる時に絵ができるのである。

③「シジミ」石垣りんは、シジミの中に自分を見い出したのだ。

④「乳母車」三好達治は、乳母車の中に自分の幼き頃のよき思い出を見つけ、しかもそこか

ら別れようとしている。

⑤高村光太郎は、頭のおかしくなった智恵子の中に、私たち普通の人間が忘れているものを見い出したのだ。

(1) 詩の授業の進め方

詩は朗読に始まって、朗読に終わる。

⇩全体を攻める

布石である。イメージがふつふつと起こる。

しかし連関はまだない。各場で起きるイメージが互いに接近しようと動き始める。

⇩部分を攻める

核になる言葉、奥行きが必要全体のイメージが凝縮され、形象から心象へと向かう。イメージが空に浮いていたものが、作者や読み手の心とのつながりで見えてくる。当然心は緊張する。

⇩味わう

理屈はいらない。各自が音とイメージと心象でじっくり味わう。

・詩人はその他大勢のためにメッセージを送らない。ある特定の一人である。しかもほとんどの場合自分へである。だから、詩の世界に自分を彷徨させるのだ。駝鳥がいる。駝鳥と共に歩むうちに自分が駝鳥になってしまう。初めから駝鳥の中に自分の魂を見ていると言える。この見方は、感じ方は高学年になるに従い意識させる必要がある。（詩の語句を離れさせてはいけないが……）

・詩は理屈で攻めてはいけない。理屈や決意、概括を嫌うからである。理屈で考えていく時、魂は冷ややかになってくる。詩人の研ぎ澄まし、清澄にしていく必要がある。それはひとえに五感でとらえることだ。

(2) 詩作指導と鑑賞授業

詩をかくとは、空気をかくことなのかもしれない。人間の様々な想いは、この空気の中にどのように混ざっているのだろう。音は空気を振動させて起こる。従って空気の振動が終われば音は消える。

しかし、人の想いはどうなるのだろう。音と共に霧散してしまうのであろうか。たとえ霧のようになったとしても、どこかに浮遊しているかもしれない。それを感じられるのは自分が作り出すイメージである。イメージの中で五感を鋭敏にすることしかない。五感を鋭敏にすることで、私の意識の奥の奥にひっそりと身をひそめている感情とでくわすことができる。

本当は、寂しさとか哀しみとか、ぬくもりとか慈愛といったじわっと込み上げてくる感情は、意識の一番奥の扉に錠をかけて潜んでいるのにちがいない。それが、小宇宙を型どるイメージにひかれて、そろそろとはい出てくるのではないだろうか。

（3）外の眼と内の眼を意識した指導

①外の眼、内の眼

文をかく時は、外にうつる情景をきちっとスケッチ風にとらえる眼と、自分の心の中に動いていることを見つめる眼が働いている。それは別々に起こる現象ではなく、互いに触発しあい、影響し合いながら、連動していくものだ。

②わら半紙を二つ折りにする

左（外の眼）右（内の眼）とし、外の眼でとらえたものは、簡単な図をかきながらメモさせる。

・何がどこにあって、どんな形か。
・自分はどこで何を見ているか。
・ズームにしたり、視点に焦点を合わせたりぼんやり全体とか、ある一点を凝視しているか。

③内の眼

自分の見ているものによって、自分の中に起こっている感情。

・どんなふうに見えるか（寂しそうに、豊かに、笑みがこぼれるように）。
・自分の気持ち。
・一緒に見えるもの、幻想。

④言葉をさがす

ぱっと浮かぶ言葉をかき出す。

色や形の表現の追求。

青→晴れた空、ペルシャの猫の目、エメラルド、あやめ、別なもの、一番近いもの。

立つ→どんなふうに立っているか（ペンギン、熊、狼、銅像）。

⑤文体

敬体と常体。敬体と常体の併用か。語りなのか、呼びかけなのか、ドキュメンタリーなのか、柔らかく伝えるのか、重々しく、じっくりと、気持ちを押さえて（高村光太郎のようにもだえを隠して）楽しくメルヘン的なタッチなのか、を自分の伝えようとしている内容で選んでいく。※主語の選び方は僕か、俺か、私か。

⑥構成

感情を抑えて、情景描写から入る。直截に会話、ため息、主題から入る。

実際には聞こえない音に耳を澄ます。それは内の眼を研ぎ澄ますことに通じてくる。

（4）合評の授業としての授業展開

めあて：率直に感想（対象を見る眼）を交流することで構成、文体、豊かな表現を身に付けていく力を培う。

○三人ぐらいの子どもの作品を合評する。

プリントに自分の批評を書き込む（10分）

文章にしなくていいメモでよいが、話す時は単語で話さないようにする。早くかけた子は音読の練習）

←指名読み

←自由な感想を述べ合う。私がそれを整理しながら、まとめていく。

←①センスのある表現

②内の眼

③外の眼

④構成、連分け

⑤リズムがあるか

作者には、何に自分の心が動き、何を表現しようと思っていたかを率直に言ってもらう。

←

私がよく聞いてやって気持ちを広げてやることが大切。

←

残りの5分ぐらいで自分の作品にペンを入れさせる。できた子から清書させる。

(5) 実際の授業から

「七里ガ浜」　Fさん

七里ガ浜の所は
今　なんでもない
だけど
真白き富士の嶺を歌ったら
きゅうに波がはげしくなった

それは
十二人のれいが生き返ったのかもしれない
海の向こうの方に大きい船が四つ見える
波があらあらしいのに
船はゆうゆうと走っている
十二人がそうなんしたところは
ちょうど
すごく波があれているところだった
波の音をきいていたら
海がないているようにきこえた。

急に波がはげしくなった

これは、心の波でもある。歌っているうちに心が高ぶってきた。海に眠っていた十二人の霊が生き返った。それまで何でもなかったのに、海が意志をもっている。僕たちの呼びかけに心を動かしたのだ。

船はゆうゆうと走っている

時代の流れ。海の恐ろしさやあの事件を何も知らぬげに。今は平和である。

T：外の眼を使って沖をゆうゆうと走る船をスケッチしたことで詩にどんな影響を与えたのだろう。

↓

この描写はあったほうがいいのか、ないほうがいいのか。

C：あった方がいい。（多い）

T：今は僕たちだけが海の悲しみと対面している、そのことを強める結果を生み出している。

海が泣いている

T：作者はいっさい説明していないけど、どういう海の泣き声なのだろう。

C：80年前の悲しい出来事、それを永久にもち続けて海は生きていかねばならない。

C：その悲しみから逃げることはできない。

C：懐に深く抱いている。

T：みんなの歌声がそれを呼び覚ましたかもしれない。

↑最後にもう一人指名読み

「俺と海」 Tさん

どんよりとして　暗く重い海
今にも人をのみそうな海
冷たい潮風が　ほおをなでる
八十年前に　ここで十二人もの生徒が
海のもくずとなってしまったのだ。
なのに　海は平然としている
俺は今は亡き十二人の魂を鎮めるため
「真白き富士の嶺」を歌った
だけど魂は鎮まらない。
もう一度やり直しだ
今度は心をこめて歌った

その時一瞬八十年前のあの時が見えた
そしてその後に
十二人の魂が空に飛んでいくのが見えた
気が付いたら　歌は終わっていた
魂も見えなくなって
ただ海があるだけだった

初めの三行

引き締まった感じ。作者の顔も引き締まっている。だらっとした感じを許さない空、海、風。作者もそれにきちっと対している。

T：どんな目で作者は海を見つめているのだろう。それはどういう表現でそう感じるのか。ぼやっとした眼か、やさしい眼か、きびしい眼か。（C：きびしい眼が多い）

C：挑むように。立ち向かうように。

C：自分のことを俺と言っている。

C：海のもくずとなってしまったのだという強い言い方の中に、十二人を飲み込んだ海に対するきびしい眼差しが感じられる。

なのに海は平然としている

C：俺のきびしい視線を受けても海はびくともしない。

C：海は80年前の事件を知らぬげに。

十二の魂が空に飛んで行くのが見えた

T：十二人の魂を鎮めるために歌った「真白き富士の嶺」。一度歌った時は作者は鎮まらなかったと言っている。二度目に歌った時、魂は鎮まったろうか。

C：海の中に閉じ込められていた十二人の魂は、僕たちの合唱でそこを抜け出せることができた。それが空に飛んで行くということだ。

ただ海があるだけだった

T：この最後の表現、初めの平然としていた海と作者は同じに見えたのだろうか、変わって見えたのだろうか。

C：変わっている。ただふつうの海に戻った。人を飲み込むような海ではない。

C：海にとげとげしさが消えていた。それは心を込めて歌った作者の気持ちでもある。

T：みんなで勉強したことをプリントに書き換えなさい。次の時でもう一度自分の作品を読んで仕上げましょう。

（6）母を書く

○外の眼を使って取材活動。場所、光、体つき、手、眼、表情

ある日ある時の母の姿に焦点をあてる。

何をしていたのか、どこを見ていたのか。

印象深い動きを思い出す。母の言ったこと。

ふともらしたこと。

※なんでもない中に案外、母の内面が隠れているようだ。

悲しみや歓び……「みんなのお母さんくらいになれば、外に向かってはっきりした動作で表現しない。むしろ自分の内の中にかみしめるようにためをつくっていく（例えば、ただうなずくだけとか、一点を見つめるとか、ふっとため息をつくとか）行為として表れてくる。だから、そういう仕草や動きを見逃してはいけない。しっかり掘り起こすことだ。

○言葉を探す

母を写すのに、ふさわしい言葉を出し合ってみる。やさしいとか、がまん強いとか、怖いとか、一般的意味（実体のない言葉）でくくらない。概して形容詞はよくない。

※今日はお互いに自分の見つけた母の形象を言葉で出し合ってみる。それがヒントになって、自分の中で漠然としたイメージが明確になっていく。

○構成を考えてみる。
説明的表現は、できるだけ切っていくようにする。
○少し長い詩をかく努力をさせる。
参考作品を読んでみせる。

(7) 児童詩いくつか

〔音楽会の詩〕6年

「幻の中」　Hさん

指揮棒が振り上げられた
ほんの数秒
音のない世界に投げ出された
音だ　音が戻ってきた
シルクロード……
はるか彼方遠くに一点

半透明な光
未知と神秘の夢の中へ
私を導いた
砂がさらさら鳴っている
大きな青空と同じ底なしだ
どんどん大きく広がっていく
私の体は
自然と砂の中に吸い込まれていく
あと少……
頭まで吸い込まれる

「いつまでも」　Tさん

無意識に歌っていた
見えない心を動かす視線
真っ青に透き通った声

壁に跳ね返る歌声
時の流れが
ぼくに意識を取り戻させる
いつまでも　いつまでも
僕は歌う

〔日光移動教室の詩〕６年

「陽明門」　Ａさん

金色の門に白い柱
猿の顔に似た柱の模様が
こっち来い　こっち来いと言っている
思わずそばに寄ってみると
模様が逆さまになっている柱が一本ある

悪いことがありませんようにという
気持ちが込められているのだそうだ
足の裏の石ががちゃがちゃと楽しそうに歌っている
俺の足はそれに合わせて前に出る
白い猿も一緒に歌い出す
陽明門は何百年も前から
大仏みたいにいつも構えている
ある時は雨に打たれ
ある時は風に吹かれ
でも陽明門は
とてもいごこちのよいにおいがする
これはきっと木の香りだ
松脂の香りもする
これからも会うかもしれない
金ぴかの陽明門に

「三猿」　Hさん

馬小屋の上の彫り物
目と口と耳を押さえている
三匹の猿の彫り物
まるで私や妹を表しているように見える
妹はいうことを聞かない
だから耳を押さえている猿
もう一人の妹は
家に帰ると全然口を聞いてくれない
だから口を押えている猿
そして私は寝るのが大好き
寝る時目を押さえて寝るから目をおさえている猿
三猿よ
私たちの真似をするな

かなり高度な詩の授業を受けている子どもたちなので、詩作の際に言葉に対して、一人ひとりがこだわりを持っている。合評の授業は、より深い学び合いの場になり、よりよい詩を生み出そうという緊張感が授業に漂っているようだ。

（豊歳　寛）

俳句教材の実践

前島先生と出会ったおかげで、多くの俳人を知り、少なからず教養を身に付けるようになった。先生の特に好きな俳人は、松尾芭蕉、尾崎放哉、山口誓子である。とりわけ、尾崎放哉の「咳をしても一人」の句が心に残る。たった7文字の奥に広がる深遠なる情景の芸術性と、その俳句に込められた作者の内面にどこまで迫れるかという授業の力を垣間見たものであった。

（豊歳　寛）

Ⅰ　俳句教材について

「咳をしても一人」　尾崎放哉

授業展開の視点

1、放哉一連の句を詠んで、放哉とはどういう人物なのか。（どこに住んでいるのだろう。どういう生活をしているのか。）

2、放哉にとって俳句とは何なのか。

3、句鑑賞「咳をしても一人」

（読んだイメージ、作者の周りに人はいるのか。）

※行雲流水（世間からも自分からも追い詰められた放浪であった。）

〔自由律とは〕

五七五の定型、季語にとらわれることなく内面から突き上げてくるものを、短い言葉に結晶しようとする。それが芭蕉の精神を発展させることでもある。これが荻原井泉水を中心とする新俳句運動の出発点。

※生きることの意味を作句の中に問い詰めるあまり、自分でも訳の分からぬ不満や苛立ちに手を焼き、次第に世を八つ当たりしながら酒に溺れていった。

しかし、それは皮肉にも己れの感性をますます研ぎ澄まし、絶対的孤独感をひしひしとかみしめることになった。南郷庵でつくられた俳句は、胸の内に動くどろどろしたものを素直に呑み込んだ脱力感がある。それは安らぎにも似ていた。

※「足のうら洗えば白くなる」の解釈

ある時ふと気づいた足のうらの白さ、じっと見入っているとそれまでの自分の生きざまが思い起こされ、それを支えてくれた足のうらに対するいとおしみがしみじみと深まっていく。けれど、足のうらよ、やはりお前はこの落胆した俺の足のうらでしかないのだと、感情をぶっきらぼうに放り出すしかないのだ。

「海に出て木枯らし帰るところなし」 山口誓子

前島先生の句全体の解釈は次のようなものである。木枯らしによって象徴された人間の孤独感の底から発した作者の叫び。美という感情、あわれという感情。木枯らしと作者は一つ。海は社会、人生を象徴している。人生はいかに生くべきか（この感慨は生き続ける人類と共に滅びず、移り変わる世界と共に滅びるものではない）。木枯らしの音、木枯らしはさまよっている様子、そのように見える作者の気持ちは、寂しい思いで冷たい風の中で海に立っている。あるいは木枯らしの寂しい音に魅かれて海に出たとも考えられる。木枯らしは哀しい音を立てて海の上を走っている。海の果てしない広さ、海はどんより暗い。

澄み切った青さではなく、空の感じと相まってどんより重い。波は強い。それらはみんな人生の社会を象徴している。「帰るところなし」は、木枯らしが溶け合うところがない。安心して落ち着けるところがない。それはまさに自分を受け入れてくれるところがない。

（豊歳　寛）

授業展開

T：木枯らしとは何か。

C：秋から冬にかけて吹く寒い風。

T：海の様子のイメージを考える。

いつ・天気の様子（空・海の様子・波・人がいない海の色）

T：帰るところなしとはどういうことか。

人が家に帰るというのは、何を求めて帰るのか。（ごはんを食べるためとか、寝るためだけではなく、心の落ちつきやしっくりする感じを求めたりするのではないか。）

T：帰るというのはどこに帰ることなのか。

C：家、おうち。

C：田舎、故郷。

↓

ここの揺さぶりをていねいにして、子どもの発言を引き出し、拡げ、つなげる。

T：作者はどんな気持ちで海をながめているのか。

T：作者が木枯らしの音を聞いていたらだんだんどんな気持ちになってきたのか。

C：うるさいなあ。腹が立ってきた。

C：だんだん親しみをもってきたのか。

↓

海は木枯らしにとって心が落ち着けるところ、ゆっくりくつろげるところではない。作者はそれをじっと見ているし聞いている。木枯らしの音が悲しい泣き声に聞こえてくる。

「雁の声落ちしところに残されし」　中村汀女

前島先生の解釈はこうだ。気付いてみれば街の上、東京の夕空も雁の列がよぎっていた。聞き留めたその声は街の音も忘れさせたのだったが、夕映えの空をゆく雁はすでに遠くに、美しき彼方にとつけ加えた。しかし、私は雁の落としたとしか思われぬ一声のその下に残され立ち尽くしていたのだった。

（豊歳　寛）

〔中村汀女の略歴〕
１９００年（明治33年）熊本に生まれる。
熊本県立熊本女学校入学。
18歳の時、初めてホトトギス派に投稿。
21歳の時、結婚して上京、関東大震災に遭う。
34歳でホトトギス同人になる。

授業展開

T：残されたのは誰か。
雁の声聞こえしところと雁の声落ちしところのちがいを考える。
雁はばらばらに鳴くのではない。声をものとして感じている作者であるならば、それはどういうものとして見ているのか。

T：雁は何回も鳴いているだろうか。そしてそのあと雁はどうしたのか。

T：雁の声は作者にどんなふうに聞こえたのか。

C：作者は雁の声が落ちたところに残されたと感じている。

C：雁が自分に与えてくれた心をどう受け止めていいのか戸惑っている。

C：列をつくって美しき彼方へ飛び去って行く雁を見て、その中に加われない自分が一層身にしみる。

T：雁の声はどんな声だったのだろう。
⇩もの淋しいのか。
⇩これから遠くへ旅するんだという気持ちを表している。
⇩一つの心に結ばれたあたたかい感じ。
※思わずこぼれ落ちたということ、あふれているものが思わずこぼれ落ちたのである。雁の

声には、親子、兄弟、友人、それらがお互いにかばい合い、助け合って集団が進んで行く。愛が満ち溢れている。それが溢れるようにこぼれ落ちたのである。その声を受け止めさせた作者は一列になって飛び去って行く雁の集団に熱い眼差しを投げる。

同時に自分が立っている寒々しい都会の情景が身にしみて、動けないのであろう。残されたという感じは、自分がそこからとび出して行きたいと思いながらできない悲哀（寂しさ）がある。自然の鳥は何の気負いもなく生きている。自然の理にしたがい、睦まじく。雁の声は作者の寂しさと共に課題を与えたかもしれない。

作者がこれからどう生きていくのか、そしていつかは雁のように一つの心の結ばれた小さな世界をつくらなければ。ふと都会にいることを忘れさせてくれる雁の声。東京にも雁が渡っている。暫し都会の騒音を忘れさせた雁の澄んだ声。だから余計に残されたという感が強いのかもしれない。

Ⅱ　作句指導

(1) 作句指導の導入として

蕪村・芭蕉・一茶・子規の句の紹介

↓

子どもたちの句の紹介

↓

芭蕉についての話
(句、生涯、出生(伊賀上野)、「奥の細道」)

↓

俳句の決まりの確認
(5・7・5のリズム、季語の確認、切れ字など)

（2）作句のためのポイント

◎スケッチをするということ……自分を句の中に登場させないことが大切で、あくまで主観的でなく客観的な視点をもつこと。自分を登場させると感情が前面に出てしまう。そして、耳、鼻、感覚、目をよく働かせること、自分の生活の中で偶然見つけた素晴らしい瞬間やいいなあと思う場面をとらえる。

じっと見ていると何かが心が洗われたり、じんとして胸がしめつけられるように思ったり、ほのぼのとした暖かいものが流れてくる感じを大切にする。それの気持ちを書くのではなくあくまでスケッチする。

（例）草花、鳥、風、空、山、月、川、星、石、虫、雨、夕焼け、海、波、野良犬、古びたくつ、麦わら帽子、赤い鼻緒のげた、貝がら、かさ。

◎向くもの、向かないもの

・ハイカラなものより、地味で素朴だけど味わいがあるもの。きらびやかなものは向かない。わびさび芭蕉の心境。おもしろいものより、ほのぼのとしたもの。悲しいより、哀しい感じのもの。動的なものより、静的なもの。

◎一つの絵（場面）を切り取って自分で構成していく。

「荒海や佐渡に横たう天の川」

日本海の荒海、厳しさ、荒波
佐渡（罪人を流す島）荒涼たる風景
↑（三つの風景は緊張の糸で結ばれている）
大きく包むかのように横たわる天の川
◎目で見るのではなく、心を使って見なくてはいけない。
◎言葉と言葉が糸で結ばれるように。
◎たくさんつくり、感覚を鋭くしておく。
◎下の句は動詞で終わりにすると説明過多になってだらっとする。緊張感がないとだめ。
◎単に簡単に目で見るというだけではだめで、自分の心を使ってしっかり視なければいけない。
◎俳句で使う言葉では、意味として音感として、リズムとしての言葉であり、歯切れよく張りのあるもの。直截で端的ズバリと。言葉と言葉のぶつかり合いがリズムになる。シャッターを押す瞬間の感じを言葉にする。
◎自然の心や天真、素直な心をもつ↓私意を離れる（上手にしよう、技を巧みにしよう、うそを言おうはよくない）。
◎見・愛撫する（優しく愛でるように見る）。

↓草花が話しかけてくる気がする↓場所、様子、どんなかっこうで、どんなところが自分に話しかけてきたか↓それをきちんと受け止めてやる。草花の名を知ってやることで距離が近くなる。

・朝顔や一輪ふかし渕の色（与謝蕪村）

・牡丹散りてうち重なりぬ二三片（与謝蕪村）

◎親しい・融合する（花鳥風月をうたう↓自然と仲良くすること↓自分の方から寄り添っていき自然に溶け込む）。

・赤とんぼ筑波に雲もなかりけり（正岡子規）

◎詠嘆（ああいいなあ↓大きく息をはいたその一息、叫び、ためいき）読む時、句切り（ふくみ）ひと休みして読む。

しかし新しく息を吸うのではなく、息を胸にふくんでおいたまま休んで次に移る。

◎雨の日にかさをさして外へ出る。

↓

自分一人で見る。

↓

ちょっといいなあと思ったら立ち止まって見る。

少しさわったり、ちがう角度から見る。←
・「五月雨を集めて早し最上川」 松尾芭蕉
T：いいなあと思うところはどこか。
T：〝集めて早し〟は何が何を集めているのか。
T：芭蕉はどこにいるのか。
・「山路来て何やらゆかしすみれ草」
・「古池や蛙飛び込む水の音」
・「閑かさや岩にしみ入る蟬の声」

（3）子どもたちの俳句選

・鈴虫や声を聞きつつ子守歌
・稲青くすくすく伸びろと争いし
・夏待てず氷嚙みしめ汗一つ
・送り火や祖母の姿に蓮華草
・水平線入道雲が仁王立ち

・叱られて心なぐさむ秋の風
・水仙がおしくらまんじゅうにぎやかに
・いい子スギナの親と山の里
・い草に水玉ひとすじ陽の光
・いい葉っぱに上で水遊び
・枯木でも春にそなえて空にのび
・いい怒りぶつけて冬の海
・日が落ちて足跡残し冬の道

短歌・和歌教材の実践

前島先生に「豊歳さんは、短歌的人間だな。」と言われたことがある。「それはどういうことですか。」と問うと、先生は「短歌は抒情的であり、俳句は叙景的だからだよ。」と言われた。

（豊歳　寛）

「東海の小島の磯の白砂に我泣きぬれて蟹とたわむる」　石川啄木

解釈

東の海に浮かんでいる小さな島の磯の白浜に、私は泣きながら蟹と遊んでいる。

T：蟹と遊ぶのに何故泣かなくちゃいけないのか。

東海→小島→磯→白砂→蟹（だんだん小さくなっていく）

巨大な空間、宇宙の中にいるのに小さな小さなところに閉じこもっている自分。

31文字の中に流れる壮大なズームとアップの世界をいかに子どもたちが体感するのかがこの短歌を味わうポイントであることを先生から教わった。〝東海の〟から〝戯れる自分〟への焦点化。

（豊歳　寛）

〔直訳〕

「石走る垂水の上のさわらびの萌え出づる春になりにけるかも」

志貴皇子（天智天皇の御子）

ごうごうと音を立てて岩の上を流れ走っている。滝のほとりにはもう蕨が萌出づる春になったことである。よろこばしいなあ。

(1) 授業展開

音読（どこで切るのか、息の入れ方、長さ）

←言葉の意味（石（岩）走る↓何が走っているのか。↓岩の上を激しく流れ落ちる。垂れる水↓場所は？　滝の小さい所。滴り落ちる水がある小さな滝。

←萌え出づる↓萌えるの意味

←なりにけるかも　詠嘆のかも

⑧なったのだ

⑨なったのだなあ

※垂水◎の上◎のさわらび◎の↓◎の重なり、やさしい感じ

※志貴皇子の喜びの歌（春の訪れをどんなに待っていたのか）

（2）授業におけるイメージの展開

Ｔ：作者は何に心を奪われているのか。

（けなげな蕨の姿、春の到来の証を見つけた）

Ｔ：作者はどこにいるのか。（周りの風景をつくる）

Ｔ：作者は沈んだ気持ちか明るい気持ちか。

Ｔ：萌えるの意味（芽が出る、萌す、芽ぐむ）

Ｔ：作者はどんな様子を見て春になってよかったなあと言っているのか。

Ｃ：水の勢い。

Ｃ：わらびが芽を出している。

Ｃ：雪が溶けて草の木の芽がいっせいに吹き出している

「くれないの二尺のびたるばらの芽の針やわらかに春雨の降る」

正岡子規

解釈

◎〝やわらかに〟の意味

バラのイメージ→とげ、やっと伸びた。赤い花をつけている。意気込んで伸びているバラの様子。春雨が降っている。あたりは霞がかかって少しぼやっとしている。その中でひときわ目立つ紅のバラの花。それを支えている二尺伸びたつる。鋭い針。それらを全部包み込むようにやさしく降る春雨。

意気込むバラを諭すようにか、やさしく、いとおしんでいるのか。

◎やわらかにという言葉をうんと広げて考えていくべきだ。そのためには全体で攻める時のイメージをゆっくりと豊かにしていく必要がある。ひょっとするとバラの芽の中に作者は自分を見ているのかもしれない。作者の感慨まで子どもの意識を引き上げていくためには、まずイメージを広げさせなくてはいけないだろう。

授業展開

T：作者はどこで見ているのか。

T：周りに見えてくるものは何か。

T：雨の降り方はどうか。

T：作者は若いのか年寄りか。

T：二尺伸びるというのは、やっと伸びたのか、もう伸びたのか。

T：バラの針はとげとげしいのか、まだやわらかい感じか。
・バラが十分育っていない。だからやっと生えてきたとげもさわってみるとまだやわらかだ。
・雨の降り方がやわらかだという意味。バラの成長を優しく包み込みたい。

物語教材の実践

物語文教材である「大造じいさんとがん」。半世紀近く経っても、教科書に掲載され続ける、永遠の名作に対して、教師はどう立ち向かうか。

なんの準備もなく、無目的に授業を展開しても、子どもたちの心に何も残らない。様々な方法を教師は取捨選択し、これでいこうと決めなければならない。

前島先生はやはり、いつも大事にされる「言葉へのこだわり」をもって、授業を進めていった。

（豊歳　寛）

「大造じいさんとがん」

(1) 教材のポイントと授業の展開

「今年も……やってきた。」

・今年も　（も）という言い方
去年も来た、その前の年も来た
やってきたのは今年だけでない

・率いる　引き連れて行く（引率、率先）　従えて行く

・群れ
※群れ　①あつまり、むらがり
②なかま、くみ　※②が正解

T：誰が残雪と呼んでいたのか。なぜそう呼んでいたのか。

C：左右のつばさに一か所ずつ真っ白な交じり毛をもっていたから。

※残雪とは①消え残った雪②春になって冬の雪の消えないであるもの。雪が溶け始める。

ほとんどの雪は溶けているのだけれど、あるところだけ雪が残っていて、その白さが一層あざやかに見える。

T：残雪について分かったことは。

C：がんの頭領らしい。※頭領とは、多くの人の頭。首領。仲間の頭。大工は棟梁。

T：頭領らしいとは。

C：はっきりしていない。どうもそうらしい。

C：鳥の世界のことは、はっきり言えない。

C：断定できない。

T：なかなかりこうなやつでとは？

C：ずいぶん、とても。

T：りこうな鳥とりこうなやつのちがいは？

※奴という言い方は、人を卑しめて言う。目下の者を卑しんで言う。憎んでいるのか→りこうと言ってもやっぱり鳥だというばかにしている気持ちがあるのか。

※なかなかりこうだとほめているけれど、やはり、たかが鳥なのだ。人間よりは何と言っても劣っているという気持ちが心の奥底にはある。

T：なかまがえをあさっている間もの㋲はどういうこと。↓えをあさっている間、ではない。他の時はもちろんということ。えをあさっている時は最も油断する。食べている時はそれに夢中になってしまう。

T：鳥が最も油断する時はどんな時か。

※眠っている時↓夜で狩人にねらわれることはない。

※えをあさっている時↓普通の鳥だったら、油断してしまう。しかし、残雪はそんな時も油断しない。

T：決して人間を寄せ付けなかった。というのは。

◎寄せる＋付けない↓近寄らせない、寄り付かせない。猟銃の届くところまで油断なく気を配っていた。目と鼻を使って全神経を集中して辺りの様子に気を配っていた。何か異常な気配があったら、仲間にすぐ合図をしたにちがいない。銃が届くまでの距離に、狩人たちはどうしても近づくことはできなかった。

「大造じいさんは……いまいましく思っていた」

T：大造じいさんは残雪のことをどんなふうに思っていたのか。

C：いまいましく思っていた。あいつのやり方はじつにいまいましい。腹立たしい。馬鹿にされた感じである。

※たかが鳥だと思っているのに、その鳥に体よく、あしらわれていることに腹立たしさがあるのだ。たとえ、りこうだとしても。

「今年こそはと……特別な方法にとりかかった。」

こそ……特に取り立てて、感情的に強調する方法。

かねて……前もって、あらかじめ、前々から。

T：特別な方法というのは誰に対してか。

C：残雪に対して（ふつうの方法では残雪には勝てない。）

T：その特別な方法というところはみんなで読んでみよう。

くいをうちこんだ理由

↓

うなぎつりばりを、たたみ糸で結び付けておいた理由

※たたみ糸↓青麻で製した糸。たたみ表や縁などをさして縫い付けるのに用いる。

「今度はなんだかうまくいきそうな気がしてならなかった。」

T：きっととなんだかの違いは。

きっと↓確信、きっとうまくいく。

なんだか↓予感、気がするのではなく気がしてならないということだから、予感のようなものがあった。

←

※はっきりはしない。絶対的な自信があるわけではないけれど、うまくいきそうな気がする。今日は何かいいことがあるような気がしてならない、ということが経験としてある。

「翌日昼近く……むねをわくわくさせながら、ぬま地に行った。」

T：むねをわくわくさせるというのはどんな時か。

C：嬉しい時。待ち焦がれている時、いいことがあるという予感がする時……。

「昨晩……ばたばたしているものが見えた。しめたぞ。じいさんはつぶやきながら」

T：つぶやくというのは。

しめたぞというところを何人かに読ませてみる。←

声に出さないで、あるいは小さな声で。←

T：なぜ声に出さなかったのか。

C：がんがいて、にげられたらこまるから。

※この発言は正確ではない。次の「ほほう、これはすばらしい」と併せて考えさせること
とだ。この時にはじいさんは子どものように声を上げて喜んでいる。

T：じいさんの気持ちをもう一回順序に従って整理してみよう。

①なんだかうまくいきそうな気がしてならなかった。←

②むねをわくわくさせながら

←（何かばたばたしているものが見えた。）

③「しめたぞ！」じいさんはつぶやきながら夢中で　←※はやる気持ちを抑えている。

④「ほほう、これはすばらしい！」

じいさんは思わず子どものように声を上げて喜んだ。↑一気に喜びは爆発する。

ばたつく↓あわてる、逃げようと飛び回った。

「しかし、大造じいさんはたかが鳥のことだ」

たかが↓限界がある、力は知れている、ばかにしている、相手を低く見た時に使う。

「じいさんが、ぬま地に姿を現すと、大きな羽音と共に、がんの大群が飛び立った。じいさんは『はてな。』と首をかしげた。」

T：じいさんは何を見て「はてな」と思ったのか。
※じいさんは、はりにがんがかかっていないのを見て、という子がいるかもしれない。
これはきちんと否定してやることだ。
←
大きな羽音と共に、がんの大群が飛び立ったのを見てはてなと思ったのである。
T：これはなぜなのか。
※じいさんが心に描いていた図とちがっていたのだ。（昨日のようすを思い出させる）
←
※しばらくの間、前時で学習したポイントを導入で確認していく時間を設定した方がいいようである。少しずつでいいから、言葉を通して自分の解釈を磨き、イメージを豊かにし、そして、何より鋭い感覚を育てていきたい。

「がんがえをあさったけいせきがあるのに」

けいせき↓何かが行われた跡、ものごとのあったあと。

T：「いったいこれはどうしたことだろう」というのは誰の気持ちなのか。

C：大造じいさん

↓

じいさんには訳が分からない。

※ここは前の「はてな」と首をかしげた時のじいさんの気持ちと比べてみる必要がある。なぜならじいさんの気持ちが一つにつながっているからである。初めは、自分が心に描いた図とのちがいに面食らっていた。もっと言えば、おかしいなあという思う程度だった。しかもそれはあくまで現場を確認したわけではなかったのである。

「一体どうしたことだろう」

※ここでは現場を確認している。だから、大造じいさんはすっかり動揺しているにちがいない。

T：これは大造じいさんのどんな気持ちを表しているのだろう。

C：びっくりしている。

T：どちらのびっくりに近いのか。①こわいものに出会った時　②予想をしないことに出会った時。

※気をつけて見ると↓少し冷静にして（気を落ち着けて）という意味。

T：大造じいさんは、一つのことを発見した。

←

つりばり糸が、みんなぴんとひきのばされているということ。

いじょうなし↓異常なし（正常）

これもあの残雪……やったにちがいない。↓ⓜも……ちがいない。（強い言い方）

「『ううむ』大造じいさんは思わず感嘆の声をもらしてしまった。」

T：この「ううむ」というじいさんの声の中身は。

⑩じいさんの頭の中にこの時、怒りや悔しさはあった。

⑪この時、残雪をいまいましいと思った。

※そういう感じを飛び越えているはずだ。

思わず（無意識に、他のことは何も考えてない）

感嘆の声（感心してほめること）←

もらす（心の内にあることを外に出すこと）←

「どうして、なかなか……たいしたちえをもっているものだな。」

なかなか→ずいぶん、とても。

どうしての使い方

⇩これから先、どうして生きるか（どんなふうにして、いかにして）

⇩君はどうして遅れたのだ（なぜ）

⇩一見、気弱に見えるが、どうして、とてもしっかりしている。（それどころか）正解

「いまさらのように感じたのであった。」

いまさら→こと新しいように、今改めて）

T：昨日と同じ時刻とは。

T：「秋の日が美しかった」とは、じいさんのどんな気持ちか。

◎昨日じいさんは特別な方法で残雪に一泡ふかせた。一羽だけだったが。今までとちが

って生きているがんだった。今日はもっとかかっている。この美しい秋の日のように
　じいさんの胸には素晴らしい様子が浮かんでいる。

「じいさんははてなと首をかしげた。」

T：首をかしげるの意味は。

T：どんな時にする行為か。

T：じいさんは何を見て「はてな」と首をかしげたのか。

←

　がんの大群が飛び立ったことを見て。

T：どうしてじいさんは「はてな」と思ったのか。

←

　何かがちがっている。自分の思い描いたこととちがっていた。昨日と同じような状態を頭に描いていた。昨日はわなにかかった一羽だけがばたばたしていて付近にはえ場を変えたらしく一羽もいなかった。

「一体どうしたことだろう。」

←

大造じいさんは訳が分からない。えをあさっているのに、一羽もかかっていない。

そして、少しずつその訳が分かってきた。

T：なぞを解くもとになったのは何か。

↓

つりばりの糸がみな、ぴんと引きのばされている。がんたちが、えを食べる前に三つのことつまり　①え（たにし）をくちばしの先にくわえる　②ぐうっと引っ張ってみる　③異常なしをやっていることが分かった。


「『ううむ！』大造じいさんは、思わず、感嘆の声をもらしてしまった。」

T：なぜ感嘆の声をもらしたのか。

C：残雪に完全にやられた。信じられない。

こんなことがあっていいのか。

T：感嘆の声をあげるともらすとの違いは。

あげる↓すぐに反応している。

もらす↓だんだん残雪のすごさが胸に広がって、それが思わず無意識にこぼれること。

「例によって……見通しのきくところをえさ場に選んで……」

例によって↓いつものように。

見通しのきくところ↓人間を寄せつけないため、猟銃の届く距離を保つため。

大造じいさんは夏のうちから心がけて、たにしを集めているのだから、じいさんの心の中にはすでにある一つの計画ができあがっていたことになる。

それを↓たにしをがんのこのみそうなところ。

に↓やはり見通しのきくところでなくてはいかないだろう。

あんばい↓ようす。

案の定↓思った通り。


「そのよく日も、そのまたよく日も、おなじようなことをした。」

「大造じいさんは、会心のえみをもらした。」

会心のえみ↓心のかなうこと、思った通りになったという喜びの笑い。

（整理して考える）

たにしを同じところにうんとこさとまいた。

↓

そのよく日も、そのまたよく日も

↓

がんはそこが一番の気に入りの場所となった。

↓

じいさんは会心の笑みをもらした。

※じいさんはそうしたいと思っていた。計画通りに事が進んだ。

「夜の間に、え場より少しはなれた所に、小さな小屋を作ってその中にもぐりこんだ。」

T：大造じいさんは何をしようとしたのか。

T：え場より少しはなれた所になぜえ場のすぐ近くにはどうして小屋をつくらなかったのか。

※もぐりこむ

①水中又は物の下などに入り込むこと。

②不正な手段によって入り込む。

この動詞は、普通の状態では入れない所を強引に無理やり入るという意味だから、普通の方法ならがんの群れのすぐ近くに入り込むことはできないのに、という意が入っている。

「ねぐらを抜け出して、このえ場にやってくるがんの群れを待った。」

ねぐら（鳥の巣）

ねぐらを抜け出して↓この語は、がんの群れにかかると考えるべきなのか。でも〝抜け出す〟という表現がどうも不自然だ。じいさんのことを言っているという考え方はどうだろう。

『うまくいくぞ。』大造じいさんは、青くすんだ空を見上げながらにっこりした。」

T：「にっこり笑う」と「にやにや笑う」のちがいは。

C：「にっこり笑う」は、いいことがあったりした時の笑い方であり、心がすっきりしている感じ、「にやにや笑う」は、心にひっかかるものがある。

T：にっこりとすみきった空の似ているところは。

C：澄み切った空というのは、空がどこまでものびていて、くもっていないから、にっこり笑うことと似ている。

C：空はずっと青空が続いている。雲など浮かんでいない。同じように、じいさんの心も澄み切っている。

←

じいさんが澄み切った空というのは情景だね。
ところがじいさんの自信に満ちたすっきりした気持ちが、そのまま鏡に映したように空も澄み切っている。

「大造じいさんは、冷え冷えするじゅう身をにぎった。」

T：じゅう身って何か。
　先と後ろのどちらかで言うと、後ろと答えた子が多かった。
C：後ろの方は木だから、冷たくならない。
T：大造じいさんは、なぜその冷え冷えするじゅう身をにぎりしめたのか。
C：正確にねらいをつけようと思って。
C：よし、残雪たちをしとめてやるぞ。

「くちびるを二、三回静かにぬらした。」

T：どうしてか。
C：いい音を出すため。
C：寒いからくちびるが乾いてしまう。その乾いたくちびるをぬらす。

C：緊張した気持ちを落ち着けるように。

『どうしたことだ。』じいさんは、小屋の外にはい出てみた。」

T：どうしたのか。

C：じいさんはとってもあわてている。びっくりしている。

T：どうして、何にびっくりしたのか。

C：がんの群れが飛び立ってしまったから。

C：じいさんはくちびるを拭かない前にがんが飛び立つことなど頭になかった。

※ここでじいさんが頭に描いていた流れを確認する。（口笛を吹く↓おとりのがんが飛び立つ↓撃つ）ところが口笛を吹く前にがんの群れが飛び立ったのだからじいさんはびっくりしてあわてふためいて気が動転している。

T：それはどの言葉で分かるか。

C：はい出てみた。立ち上がって確認する余裕などなかった。

「はやぶさの目をくらませながら、飛び去っていく」

T：これはどんな飛び方をするのだろう。

※様々な飛び方の意見が出るが、まとめると一直線ではなく、蛇行したり、旋回したり目をくらます方法で。

「野鳥としての本能がにぶっていたのだ。」

T：野鳥としての本能とは。
C：敵が来たらすぐに逃げ出せる能力。
C：頭領の指示に従って、てきぱきと行動できる、それには早く飛べなくてはならない。
C：自分でえさをとる力。
T：おとりのがんは、なぜこのように力がにぶっていたのか。
C：いつもじいさんからえさをもらっているし、おりの中にいるから、敵から狙われることも少ない。
C：せまいおりの中で生活していることが多いから、空を自由に飛び回る野鳥に比べると早く飛べない。おとりのがんは、じいさんと生活していて、他の鳥と一緒に行動したことがない。

「大きなかげが空を横切った。」

これは何？

かげというのは地面にできるものをふつうは言う。

←

それではじいさんは地面を見ていたのか。

←

ここで言うかげは正体がはっきりしない、一瞬のうちに早く動いた。空を横切った。また出てきた。空のどこを横切ったのか。

←

①はやぶさとおとりのがんの間か②おとりとじいさんの間か。

「ぐっと銃を肩に当てて、残雪をねらった。が、何を思ったのか再び銃をおろしてしまった。」

T：じいさんの心の中に何が起こったのだろう。

初めは撃とうと思ったがしかしやめた。

この短い間にじいさんの気持ちを変えたものは……。

（残雪の様子はどういう姿）

飛び方がちがっている。こんな所にやって来るはずがない。あれだけ人間を警戒していたはずだ。まだはやぶさと戦っている残雪は見ていない。でも、じいさんには分かったのだ。あれほど人間を意識していたのに。

「残雪の目には、人間もはやぶさもなかった。」

T：これはどういうことなのか。

※これはどういうこと。人間もはやぶさの何がないということなのか。恐ろしさ。普通なら姿を見ていたら逃げ出すのに。普通の時と何がちがうのか。

「不意を打たれて、さすがのはやぶさも……」

T：はやぶさには、残雪の姿が目に入っていなかったのか。

C：目に入っていた。しかし攻撃してくるとは思わなかった。

C：はやぶさの心のスキを突いた。

「はやぶさもさるものだ。」

敵もさるものだ。たいした力をもっている。

「羽が、白い花弁のように、澄んだ空に飛び散った。」

T：澄んだ空とはどんな空を言うのか。

C：どこまでも晴れ渡っている青空。

C：曇っていない。

C：吸い込まれてしまいそうな青々とした空。

T：白い花弁と青の対比を考えると。

C：白は清潔、純粋無垢。

「むねのあたりをくれないにそめて、ぐったりとしていた。」

T：くれないにそめるとはどういうことか。

T：ぐったりとはどんな時に使うのか。

C：全力を出し切った時。

T：残雪はもう全然飛べなかったのか。

少しぐらいは飛べたけれど、飛ばなかった。

全然飛べなかった。

「第二の恐ろしい敵が……」
T：第一の敵は。
C：はやぶさ。
「大造じいさんが手をのばしても……」
T：じいさんがのばしたのは、片手か両手か。
　尊厳を込めていたわるように両手で。
「残雪は、もうじたばたさわがなかった。」
T：残雪はどうしてさわがなかったのか。
C：じいさんの気持ちが分かったから。
C：じいさんに心を許したから。
C：許さなかったのにさわがなかったのが、頭領としての威厳。
「ただの鳥に対しているような気がしなかった。」
ただの鳥とはちがうプライド、威厳。（頭領としての）

「せめて、頭領としての威厳……。」
少なくとも今できること。

「じいさんは、おりのふたをいっぱいに開けてやった。」
T：そろそろ開けたのか、さっと開けたのか。
T：どんな願いを込めたのか。

(2) 子どもたちが作り出した学習課題

1 残雪はかりうどたちから、どんなふうに思われているか。
2 一羽のがんも手に入れることができなくなった理由。
3 「今年も」と「今年は」のちがい。
4 残雪一羽だけに、なぜ名前をつけたのだろう。そして残雪の意味は。
5 大造じいさんは何歳ぐらいか。
6 なぜ人間を寄せつけないのだろう。
7 大造じいさんにとって、何が胸をわくわくさせたのか。
8 どうして特別な方法を考えたのか。

9 いまいましいの意味とじいさんの気持ち。
10 どうしてしかけを作るのに一晩中もかけたのか。
11 今年こそは……と思うじいさんの気持ちを考える。
12 いまくいきそうな気持ちはどこからくるのだろう。
13 昨日と同じ時刻に行ったわけ。
14 秋の日を美しく感じたじいさんの気持ち。
15 子どもみたいな声を上げたじいさんの気持ち。
16 危険を感じたわけ。
17 がんの大群が飛び立った時、じいさんはなぜ「はてな」と思ったのか。
18 「これはすばらしい」何が素晴らしいのか。
19 たかが鳥だと思うじいさんの気持ち。
20 「どうしたことだろう」じいさんは何に」驚いているのか。
21 「ううむ」という声の中身を考える。
22 感嘆の声をあげた時、じいさんの心の中に怒りがあったのか。
23 何をいまさらのようにと感じたのか。
24 夏のうちから集める必要があったのか。

25 暁がすがすがしくという文の意味。

26 会心のえみとは。

27 じいさんは小屋をつくってどうしようとしていたのか。

28 点々としか見えないのに先頭が残雪だということが分かるのか。

29 がんをじっと見つめているじいさんの気持ち。

30 何に一発ぶち込もうとしたのか。

31 「ううん」とうなった時のじいさんの気持ち。

32 ほほがぴりぴりするほどひきしまらせているのは何。

33 目にもの見せてくれるの意味。

34 じいさんはどんな気持ちでじっと何を見つめていたのか。

35 じいさんは、おとりのがんを使ってどうしようとしていたのか。

36 おとりのがんをじっと見ながら、じいさんは何を考えていたのか。

37 空を見上げた時のじいさんの気持ち

38 東の空がまっかに燃えてというのはけしきだけのことか。

39 真一文字というのはどういうことか。

40 じいさんは目をつぶっている間、何を考えているのか。

41　くちびるをぬらした目的は何か。
42　どんな気持ちでじゅう身をにぎりしめたのか。
43　野鳥としての本能がにぶるとはどういうことか。
44　「ピュ　ピュ　ピュ」というじいさんの口笛のふき方はどうなのか。
45　じいさんはどうして銃をおろしてしまったのか。
46　残雪には人間もはやぶさでもない救わねばならぬとはどういうことか。
47　じいさんは何をしようとしてかけつけたのか。
48　ただの鳥に対しているような気がしなかったとは、どういうことか。
49　第二のおそろしい敵とは何か。
50　おりのふたをいっぱいにあけた時のじいさんの気持ち。
51　残雪の飛び去って行くのをいつまでも見守っているじいさんの気持ちは。

子どもたちはひとり学習でそれぞれが課題を作り、その課題に対する考えをもって授業に臨んだ。時には班で考えながら集団全体が学習で深めていった。前島先生は子どもたちの問いを大切にしながら、その問いに寄り添い深めながらていねいに授業は進められた。

（豊歳　寛）

歴史教材の実践

先生と社会科の教材とのつながりは広く、そして深い。自身が大学で社会科を専攻されたこともあり、無類の歴史好きである。若手の教員たちがよく「前島先生は、歩く文学史辞典だよね」と文学への造詣の深さに感心していたものだが、文学史を歴史と言い換えてもよいぐらい、歴史についても相当の知識量を備えていた。6年生の歴史の授業の特色は、①その時代の人物や出来事に焦点を当てて展開される授業（一点突破でその時代が見えてくる）ザビエル、北条政子、芥川の死、後白河法皇、大津事件など、②歴史を縦断的に捉え、単元を再構成して時代を捉える（「ヨーロッパ人がやってきた」大航海時代～鉄砲伝来～キリスト教伝来など）であった。

小さな事件からその時代が見えてくる一点突破の鮮やかさは、豊富な知識量とアイデアに裏打ちされたものである。歴史への豊かな見方にも支えられていた。5年生で教える産業の単元も常に工夫し、農業の単元を「土」というキーワードを軸に授業を展開していった。国語の授業が最も前島先生の真価を表すものであるが、歴史の授業は本人にとって力を十分に発揮できるものであっただろう。

次に紹介する教材のいくつかはほんの一握りの実践である。

（豊歳　寛）

「ヨーロッパ人との出会い」の実践

（1）単元の再構成

①大航海時代の15、16世紀ヨーロッパの様子
②応仁の乱から戦国大名の形成
③鉄砲伝来
④キリスト教伝来

（2）①に関連してコロンブスについての教材研究

クリストファー・コロンブス
1451年北イタリア、ジェノバの毛織職人の子として生まれる。男兄弟5人の三番目、ジェノバは天下一の港町であった。早くから船乗りとして海に出ていた。
1477年26歳の時、リスボンに移る（ジェノバにいる頃から、マルコポーロの『東方見聞録』を読んでいたにちがいない）。

←

東洋、特に日本への夢

「地球は一つの丸い球であって、東の国には西へ回って行けば必ず行ける」

1484年ポルトガル国王に航海の願いが許可されず。

↓

ポルトガルに見切りをつけてスペインへ

コロンブスの提示していた条件

○新しく発見される島や大陸の総督か副王という位につけること。

○その土地からあがるもうけの10分の1をいただくこと。

↓

ペレス神父が女王に進言「発展のチャンス」

1492年8月3日（金）3隻の船で出航

（サンタマリア号ほか）

1492年10月9時頃、二か月の航海の末、サンサルバドル（救世主）島上陸。コロンブスは第一級の礼装をして鎧を付け真っ赤なマントを身にまとう。スペイン王旗。緑十字のキリスト教国の旗。

○島の奥地には素晴らしい金鉱。

○土民たちは気だてがやさしい。果物がふんだんにある。
1493年1月16日帰りの太平洋横断。
激しい嵐に会う。
↓
1493年3月15日（金）
パロス到着。町中の鐘が鳴り響き、町中の人が万歳。コロンブスの名声はヨーロッパ中に響き渡った。
第二回〜第四回　三度のアメリカ探検航海。
↓
旧世界（ヨーロッパ）と新世界（アメリカ）に暴力と略奪の歴史が始まった。
↓
1506年世間から忘れ去られたコロンブスは貧乏のうちに死んでいった。
↓

（3）②に関しての鉄砲伝来の教材研究

1543年　南シナ海を一艘の帆船が中国南部へ向かっていた。
↓

この船は嵐に会い、九州の南端種子島に漂着。
↓
大変な事件→鉄砲（鉄砲を生んだ思想と文化）とポルトガル人3人（ヨーロッパ人との初めての出会い）※天狗のお面のモデル？
アジア諸国には30年前に伝わっていたが、日本はわずか13年間で数万挺を生産（1543年→1556年）
↓
背景には、日本は戦国時代であった。
◎鉄砲をつくるためにはどういう技術が必要か
設計図・製鉄・火薬の製法（当時の日本では高度の技術をもっていた。剣や鍬など）・ふいごの整備
◎鉄砲の普及
種子島時尭は、鉄匠八金兵衛に模造品をつくることを命じる。（どんなしくみか究明）
種子島→根来の僧（忍術の郷）
↓
堺の商人、橘屋又三郎→近江の国友

この鉄砲を多く買い込んだ武将は信長。

(4) ③キリスト教伝来の授業記録から

T:キリスト教に関係ある言葉で知っているものは。

C:アーメン、十字架、パイプオルガン、イエス・キリスト、クリスチャン、教会、マリア、聖書。

T:キリスト教を日本に伝えたと言われている人を知っているか。

C:フランシスコ・ザビエル↓写真提示

←ザビエルの生い立ち説明

←ローマ教皇の組織図説明(司教と教皇使節)

←ザビエルとヤジローの運命的出会い

(若気の至りでちょっとしたいさかいから、人を殺めてしまったヤジローは、追っ手から逃れてポルトガル船へ逃げ込む。そこで紹介された伝道師がザビエルであった。

ザビエルはヤジローのていねいな言葉遣い、礼儀正しさ、表情、教養に大きな感銘を受けてしまう。言葉の通じない中、全くの文化がちがう国の人間が初めて接し、お互いにその素晴らしさに心が動かされる。）

↓

ザビエル、１５４７年に日本に布教しようと決意。

１５４９年ザビエル（ヤジロー含む日本人３人、若き修道士フエルナンデス）日本（鹿児島）上陸。

T：なぜ、ザビエルはすぐに日本に行かなかったのか。

C：日本や日本語を学んだ。

C：苦しんでいるヤジローにキリスト教を教えた。

C：食料などの準備に時間がかかった。

T：日本の何が知りたかったのか。

C：日本の宗教。

C：日本の文化や民衆の暮らし。

T：ザビエルはどういう方法で日本を勉強したのか。

C：ヤジローに聞いた。
T：日本の商売人から聞いた。
C：日本のどこへ行こうと思ったのか。
T：京都↓日本の宗教が一番栄えていた所。
C：ザビエルはだれに会いたかったのか。それはどうしてか。
T：天皇や将軍（キリスト教を広めるために許可を得るため）。
C：天皇や将軍に会うのに手ぶらで行ったのか。
T：聖書、キリスト像、十字架、お土産（日本にないもの、鉄砲、楽器、ガラス器、眼鏡、時計）、法王の手紙（自分の身分を証明するものが必要）
C：※ザビエルはローマ教皇のイエズス会メンバー。
平戸↓博多↓山口↓瀬戸内海↓京都（1年半かかった）
苦難の旅であった。（石を投げられたり、険しい山道を進んだり、足を痛めたり……）
1551年京都に入る。
T：ザビエルが京都に入ってびっくりしたことは。
C：11年間にも及ぶ応仁の乱の戦いで京都は焼け野原であった。
C：とっても小さな家に住んでいる。

C：リスボンとは違う活気がある街であると思っていた。
↓
天皇に会うために面会を求めるも門前払い。
↓
天皇や将軍には日本を統治する力はない。比叡山は宗教ではなく僧兵の集まり。
↓
方針を変えて諸国の大名へ許可を伺う。
↓
山口の大内義隆に会い贈り物をする。
↓
山口での布教を許してもらう。その後、山口の信者が５００人を超える。
T：どのように布教をしていったのか。
C：キリストや十字架を見せて、キリスト教の教えを広めていった。
↓
ザビエルは不十分な言葉で布教は困難を極めたが布教は進む。しかし、本来の使命は日本をキリスト教国にすることなので満足できなかった。日本の仏教や文化は、中国を通して入って来ていることを知り、中国で布教したほうが効果的だということを考える。

↓

ザビエル、マラッカに渡る（トルレス神父とフェルナンデスを山口に残す）。

ザビエルは1552年（45歳）目的を果たせぬまま病気で死ぬ。

T：ザビエルの強さはどこからきているのか。

T：（ザビエルの肖像画を見て）ザビエルはどこを見ているのか。

C：天、空、イエス様。

T：この肖像画を見て何か気付くことあるか。

C：変なハートみたいなものをもっている。

C：文字がある。↓ザビエルの言葉（満ち足りています。主よ。私は満ち足りています。）

※私はあなたと共にあなたを自分のハートの中に入れてこんなに情念に燃えている。どんなに辛くても私は満ち足りています。（前島先生訳）

↓

ザビエルの播いた種は、少しずつ大きくなり信者が増えていく。やがて信長がキリスト教の布教を認める。

この教材は、「ザビエル」という一人の人物を追うことにより、その時代の日本とヨーロッパ、キリスト教伝来、そして宗教まで幅広く横断的に学ぶことを特徴としている。子どもたちの事前の準備が多く必要となってくるが、自主勉強と称する下調べをしてから授業に臨んでいた。

（豊歳　寛）

「大津事件」

（1）教材研究

1891年5月11日午前11時頃、ロシア皇太子ニコラス＝アレクサンドロビッチを乗せた人力車と40数台の人力車が一列に並んだ行列、長さ約200m。沿道には小学生や軍隊が小旗を振って歓迎。下小唐崎にさしかかった時、突然一人の暴漢（警護に当たっていた巡査、津田三蔵）に襲われる。サーベルを抜いてニコラスめがけて二度にわたって切りつける。山高帽のふちを切られ、路上に転がる。背広の肩に血が飛び人力車を飛び降りるその時、二人の車夫がこの難を救う。向畑治三郎が津田の足に飛びつき路上に引き倒し、北ヶ市市太郎（5尺8寸の巨漢）は津田にむしゃぶりついて、サーベルを奪い取ると津田の頭から背中にかけて一太刀を浴びせる。そして犯人は捕まる。

←伊藤博文は、箱根で食事中であったが、この知らせを聞き驚きのあまり持っていたはしを取り落としたと言われる。

（2）授業の展開

学習問題①

T：伊藤の驚きは何だったのか。

◎ロシアから出されるだろう難題。せっかく明治維新以来培ってきた国力ではあるが、人口4千万人、6個師団、海軍なきに等しい。それが当時世界一の大陸軍国ロシアを敵に回すことはできなかった。明治天皇も早速お見舞いに駆け付けた。

※犯人津田三蔵37歳。伊賀上野の藩士のせがれ。西南の役で陸軍曹長として出陣。戦功を称える。折から「西郷隆盛生還説」（西郷はロシアに脱出。ニコラス皇太子を案内して日本へ帰ってきた。）が流布されていた。ロシア皇太子は日本を奪い取るのではないかとの妄想。

※北ヶ市市太郎は石川県水飲み百姓の子。百姓が嫌いで村を飛び出す。粗野で無知な男。自分が見かけた外国人がロシアの皇太子ということも知らなかった。自分の運命がこの一瞬を境に変わることを想像だにできなかった。

↓

二人はニコラスと会見し、勲章をかけてもらう。ロシア政府から一時金2500円終身年金毎年1000円（当時米1升が8銭の時代）

↓
二人は一躍国難を救った庶民の英雄となる。
（もしニコラス皇太子が犯人の凶弾に倒れたらロシアは間違いなく日本国に宣戦布告し、日本はたちまちのうちに蹂躙されたにちがいない。）
↓
（権力者の論理）

学習問題②
T：国は二人の処遇に困り、私生活まで管理し指導し始めたのはなぜか。
◎放っておけば飲む・打つ・買うのやくざな遊びにうつつをぬかすにちがいない。
◎国を救った名士は名士にさせておく。
二人に人力車の車夫をやめさせる。治三郎には京都に家を建てさせ管理し、市太郎は故郷に錦を飾らせる。
↓
盛大な歓迎〝郷土が生んだ日本の英雄北ヶ市市太郎君万歳〟。
人々の祝辞に答えてしどろもどろに喋ったが最後に市太郎は言った。「ただひとつだけ言いたいことはわしのようなつまらぬものにも勲章をくださったお上に、わしは心から感謝してるっちゅうことでありまするう。」このお上への感謝ということは演説のたびに繰り返される。

←市太郎に保護係を設ける。市太郎は自分の金を自由に使えなかった。嫁さんまでさがしてこられた。

←日清戦争が起こると、前にもまして演説会場での講演に追われる。

「私のようなものにも勇気はあるのです。ましてあなたたちなら私の何倍もの勇気をもっていなされるでしょう。願わくは一人の北ヶ市市太郎よりも百人、千人の北ヶ市ができることを。」

←1900年日清戦争後、郡会議員に選ばれたが、一度顔を出しただけで終わった。

←1904年日露戦争勃発。

北ヶ市市太郎を突如奈落の底に落とした。

学習問題③

T：日露戦争で息子を失った人々は市太郎にどんなことを言ったのだろう。

C：敵国から金をもらって贅沢な暮らしをしている国賊。

C：なぜロシア皇太子を助けたのか。

C：ロシアの手先め。

C：首をくれ。ロシアへ逃げ出せ。

←

みんなから村八分にされる。言い知れぬ怒りと悲しみ。石を投げられるたびに「一体おれはどんな悪いことをしたと言うんじゃ。」

←

失意と孤独の晩年。

向畑治三郎は、酒、女、ばくちに身を崩して落ちぶれる。賭博の現行犯で捕まる。紙屑拾い。

市太郎は、人目に立たず、静かに生き延びるより他の方法はなかった。「わしは早く世間の奴らから忘れられたいよ。」そして、失意と孤独の中、56歳で世を去った。

児島惟謙（こじまいけん）当時の裁判長。

刑法116条（天皇、三后《太皇太后、皇太后、皇后》皇太子に危害を加えまた加えんとしたものは死刑に処す）

↓

今回の事件はこの条文に当てはまる。犯人を普通の罪でしか罰しないとすれば、ロシアは日本がロシア皇太子を軽視したとみる。（政府要人の意見）

↓

児島「裁判に政治的配慮をもちこんではならない。ロシアを考慮して日本の法律をまげることは国威にも関わる国辱になる」

↓

判決は無期刑（津田は北海道の釧路の集治監で肺炎で死亡）※司法権の独立

ロシアに釈明するために毒殺したのではないかといううわさがとんだ。

↓

ニコラス皇太子は帝位を継いでニコライ二世となる。1917年ロシア革命で帝位を退く。

歴史上の一つの事件を切り口にして、その時代背景まで学びを拡げていくという、「一点突破」的な教材がこの「大津事件」である。一つの事件を深めることによって、日本とロシアの関係が見えてくる。

（豊歳　寛）

合唱教材の実践

先生が教科の実践の中で特に力を入れたのは、国語、社会、体育、図工そして合唱である。子ども一人ひとり、それぞれが互いに影響し合い、美しいハーモニーを醸し出しながら、マエストロである先生の巧みな指揮によって名曲を奏でる。その名曲の演奏が積み重なり、学級づくりとなって現れる。高学年ばかりを担任した先生にとって、音楽は専科教員が担当すれば、自分でやる必要のない分野である。合唱を行う時間を、限られた中から何とか生み出して大事な実践の一つとして継続した。学級づくりとしていかに大切にしていたかが分かる。

「ラクガキノート」の中に書かれた曲数は約27曲。ノートの記述が一番多かったのは「荒城の月」の14回。組曲「利根川」5回、「かしの木」4回と続く。ほとんどの曲が2部から3部合唱の難しい曲である。

先生は若い頃から合唱指導に取り組まれていたので、学級担任を終えることになった（その後は教頭職）大杉東小時代に、それまでの実践の積み重ねが集大成として結実したのであろう。中でも大杉東小学校の卒業式で歌い継がれた「ハレルヤコーラス」は、先生の指揮による演奏が、私に継承したいと決意させた大きなきっかけとなった。

高揚した空気の中で式が流れていき、ハレルヤコーラスの時を迎え、子どもたちの前に立つ先生の右手があげられる。卒業生全員の目が振り上げられている先生の右手に集中する。空気を吸った全員の息が、一人が吸った息のようにまとまり、歌が始まる。先生の明確な指揮が点を刻み、美しい弧を描く。子どもたちは振られる両手に呼応し、その歌声が波のようなうねりとなって会場の中を駆け巡る。美しい高音を響かせるソプラノをメゾソプラノやアルトがしっかり支え、三位一体となってハーモニーを紡ぎ出す。子どもたちは万感の思いを表情にたたえながら、こみ上げてくる熱い思いをこらえながら、クライマックスにむけて一気にかけ上っていく。その荘厳な歌声に私は何度も涙が流れるのを禁じ得なかった。単なる卒業式という別れの寂しさから出る涙ではない。見事な歌声とその歌う崇高な子どもたちの姿、そしてその姿を温かく励まし導いてくれる先生の指揮をする姿に涙するのである。

私自身も、先生のご指導もあり、一度だけ卒業式で「ハレルヤコーラス」の指揮を振る光栄に浴したのであるが、今でもその時の感動を忘れることができない。

先生の合唱の実践がなぜここまで子どもたちや聴く者の心を揺り動かすものになったのかを、「ラクガキノート」をていねいに見ていくことで明らかにしていきたいと思う。

合唱における前島先生の実践を見ていく際のポイントは以下の3点である。

① 呼吸法の指導
② 歌詞と音のイメージを考え指導に生かす
③ 練習の成果と課題を常に次の指導に生かす

（豊蔵　寛）

呼吸法の指導

この呼吸法は、合唱を作る上で大事な基礎をなすものであり、この地道な練習が前島合唱実践の根幹である。（豊歳　寛）

歌う準備としての構え

体の力を抜く↓余計な力が入ると、共鳴させなければならない喉も絞めてしまい、歌うことへのすべての障害になるということだろうか。脱力して胸を開くイメージで構えると、息を入れて出す時の凝縮につながり声の集中を促すことにつながる。立つ姿勢も気を付けの力が入った姿勢ではなく、両足は肩幅くらいに間隔をとり、両手はあくまで自由にしておくイメージと共に手が自由に動くことがいい。

呼吸法の練習

①速く吸う
②ゆったり吸う

③一気に吐く

④ゆっくり少しずつ吐く

のど慣らしの練習

①体慣らし（首・背中・背伸び）

②「あっ、あっ、あっ」一音ずつおなかから出す。

③最後に「あーー」と伸ばす。（息を出し切る）

④「おーーーい」と遠くに呼びかける。

音の出し方→練習では、少しずつ息を出す。

ロングトーンで音を出す。（最後の音は消えるように）←乱暴にならないように。

⑤高音を出す時には、柔らかく鼻から頭に抜ける感じで出す。

⑥口をしっかり開けのどを開く。（口形を作る）

⑦呼吸はたっぷりと深く。（浅いといけない）

⑧声が伸びるように。

⑨ためを作る。（ひざを柔らかく次の大きな運動を生み出す力→器械運動の踏切板に入る姿勢を自分の中につくるように）

⑩ブレス（呼吸）する所で全員の心が一つになるように↓音の統一よりも呼吸を合わせることを大事にする。
⑪体を開いて音を出す。（アコーディオンのようにゆっくりていねいに音を出しながら）
⑫体の線を意識する。（力は入れないが、体の線に緊張感を込める）
⑬自分の声をじっと聴く。（ていねいに音を出すイメージとして）

曲別の指導ポイント

①「さくら」
◎初めの「さーくーらー」のⓡをふくらませる↓近くの桜から遠くの桜へ（ピアノからフォルテのイメージ）
◎「みにゆーーかん↓円を描くようにしてていねいにまとめる）

②「かしの木」
◎高い音はリラックスして柔らかく。
◎出だしのⓚーで、しっかりハーモニーを作る。

◎歌えば歌うほど、心が洗われる。澄み切った音が天高く昇っていく感じがとてもさわやかな歌である。

③「南部牛追い歌」

さわうち　さん　ぜん　ごく

（さん↓口をしっかりあけて。ぜん↓中に入れて力を蓄える。ご↓ぜんの上にのっかるように。く↓初めやわらかく、次第に広げてまた閉じる。）

サアハーエ↓早くならないように、きちんとリズムをとる。やわらかくはずむように。

おこめ㋨でどこ↓㋨を特に大切に。軽く背伸びするように。きちんと音をとる。

◎山の向こうに自分の大好きな人がいる。その人に自分の気持ちを届けたい。今出している声は山の屋根を渡っていく。送るだけではなく、自分の心とつながっている。

◎民謡の思いっきり伸ばして縮める気持ちのよさを生かす。

◎「さわうち」の出だしは明確に歌う。

◎「さんぜんごくー」の㋛から㋗に音をのせて気持ちよく声を伸ばす。いったんふくらませてそれを縮めるリズムを大事に。

◎「ほほほー」の所は小気味よく緊張感のある息継ぎが大事である。

④「荒城の月」

◎一番と二番のちがい。三番は宇宙から見ている。月になって人間の姿を見ているイメージで。

(一番)

　　春⇕秋

花見・お酒⇕戦さ

　平和⇕

今は跡形もなく月の光だけが変わらず光輝いている。

◎「はるこうろう(の)」(の)のもっていき方。力を抜いて円運動を意識させる。(の)をふくらませる。

◎「はなのえ(ん)」(ん)はきちんと3拍伸ばす。

「はるこうろう△の　はなのえん
めぐるさかず△き　かげさして」

◎荒城の月のイメージ。

・いい城が荒れたようで、その上に寂しくきれいな月が照っている。

・荒れ果てている城を見て、見ている人も心が荒れ果てているので、月が慰めるように照り輝いている。

◎鳴きゆく雁の～はそこにいる人たちの気持ちを表している。

⑤「組曲利根川」

※「にんげんはー」のにんげんはーは重々しくためを作りながら。㋩は風船をふくらませるように。

※とおい→㋔に神経を集中させてずっとはるか彼方だという意識をもつ。

※先祖から→からをきちっとていねいに伸ばす。

※利根川という歌のイメージをもつ。

・利根川のどこに立っているのか。

・どこで見ているのか。

・だれにどんな気持ちで伝えているのか。

・文のどこに息を入れるのか。

※自分が必死に取り組んでいる時に子どものいろいろな具体的な形象（視線、口の開け方、肩の動き、足の線、など）を捉えていなければならない。奥深い所に沈んでいて、

本人に気付かない内面に働きかけないで子どもを見えるわけがない。その内面が教師の働きかけによって揺さぶられ、本物に気付く。

※川の心を歌い、自分の心を高め歌うこと。もう一人の自分に歌う。一人ひとりがしっかり立って最後は一人ひとりが、利根川の本流になって突き進む。

※子どもの声を聴き分ける耳と表情を読み取る力をつけるためには、(1)優れた合唱を聴くこと。(2)練習をテープにとり何回も聴くこと。(3)練習の都度、課題を見つけ次の練習に生かすこと。

⑥「ハレルヤコーラス」

宮下孝広〈当時、東京大学大学院生。東大オーケストラに所属。授業研究者。現在、白百合女子大学教授〉さんの指導

◎この曲は4拍子だが、8拍子で考えた方がよい。1、2、3、4ではなく、タタ、タタ、タタ、タタという裏拍をいつも体に意識する。

◎ソプラノ→全能のーわが神ー

メゾ・アルト→たたえ、まつる、ハレルヤハレルヤ

教会の柱（ソプラノ）メゾ・アルトは、柱をきらびやかに装飾するもの。互いに響き

合う。

◎あおぎて、たたえまつる→天に向かって声が昇っていく。

課題のポイント

①高い音になるとどなってしまう。

②声が固く柔らかさがない。

③音が高くなると、声を押してしまう。

④歌い方が慣れてきて、マンネリになっている。

⑤テンポが遅い時は速く歌わせて軽さを出させる。

⑥イメージが貧困だと粗っぽくなる。

※イメージとは……イメージを伝えるのは言語であり一つに限定されないし、それは広がり、肉付けされ、膨らみと共に焦点が当てられ凝縮され明確になる。イメージはより具体的なほどよい。

⑦呼吸が浅い。

⑧体が開いていない。

前島先生による質の高い合唱とは？

①自分の声をしっかり見つめて響かせていく感じをつかんでいる声。
②声に張りがある。
③迫力がある。
④歌につやのある合唱。
⑤歌うことで自分を解放し、自由になる歌声。
⑥目や体が歌っている。
⑦体が自然に揺れ、声を膨らませ、凝縮する。

指揮のポイント

◎点と線を明確に。
◎子どもの視線を受け止める。
◎子どもの声をふところにいれながら、広げていく。

斉唱と合唱について

◎斉唱……一人ひとりが一生懸命歌うということが基本になる。同じ旋律の中で同じ時間を共有すること。

◎合唱……他との対応。砂糖水のように。他のパートの声を聴いて。お互いが寄り添うように。お互いがお互いを大切にする。二つのパートがまざる空間に美しい声の花を咲かせる。

> 先生の合唱指導は、地声を大切にしながら地声を鍛え、繊細な高音まで響かせるものである。まさに学級、学年合唱である。集団づくりの合唱である。「開く」「息」「脱力」などのキーワードを追求しながら歌う、魂の合唱である。
>
> （豊歳　寛）

体育教材の実践

　前島先生の体育指導、子どもたちの演技の発表を見て、驚いたことがいくつかある。まず一つ目は、一つの演技をほとんど全員の子どもたちができることであった。体育を実際に指導してどの教師も難しく感じるのは、できる子はいても、必ずできない子がいることである。どんな指導をしてもできない子はできないと、教師側が観念してしまう。先生の指導の根底には「何としてもできるようにしてやりたい」という教師の情熱があり、情熱をもとに具体的な指導ができる。そのことは、前島先生の実践を分析していくことによって明らかになっていく。

　二つ目は、演技そのものが美しいことである。跳べればいい、できればいいというものではなく、演技に内容があるのだ。先生は「演技に内容をもつこと」とよくおっしゃっていた。「内容がある」とは難しい意味をもつものであるので、私なりに分析したことを示したい。様々な体育運動を指導されてきた先生の実践のうち、特に器械運動を中心に取り上げる。

（豊歳　寛）

器械運動における重要ポイント

スタート↓助走↓演技↓着地（この流れがうまくいくと美しさが生まれる）「演技はスタートで決まる」（前島先生の決まり文句）息を整える↓つま先立ちから流れるようにスタート↓助走はだんだん速・リズム↓踏み切りの前が一番スピードに乗って↓両足でとーんと踏み切る↓ひざを使って少し体を沈ませて力を貯めるように↓演技↓着地（両足着地。ひざを柔らかくしてふわっと着地する。）

スタートから着地まで一つの流れがなければならない。

（1）開脚跳び越し　跳び箱運動（同僚の指導を参観して）

《課題点》

◎チャレンジする気持ちがない。

◎形式化している。

◎スタートする時、腰をまげて進んでいる。

◎課題が低いために跳んでいる時も目線が下を向いている。

◎跳べるか跳べないかという感じではなく、原則的にどうだということを考えてみるべきだ。
◎スタートや助走が乱暴になっている。かけっこになっている。体に力が入っている。体が左右にぶれている。
◎跳び箱とけんかしている。
◎跳び箱につく手の突き放しに問題がある。

《指導ポイント》
◎踏切板から力をもらう。親指に力を入れて。
◎着いた手で体をうしろへ払うこと。うしろへ突き放すことで体が前へ出ていく。
教師が、跳び箱に児童が手をついた瞬間に右手をつかんで、体を前へ送り出してやることを、繰り返し行うことで体が前へ行く感覚、腰が後ろに引いてしまうのを矯正することにつながる。
◎跳び箱とけんかしないで仲良くすること。
◎スタートはきちんと立つ。息を止めてつま先で立つ。息を吐きながらつま先を下ろす。

（2）台上前回り　跳び箱運動

◎台上で回る時ひざを伸ばす。
◎腕の使い方に注意。
◎体をしっかり支える手の付き方をする。
◎体を跳び箱に持ち上げる。
◎台上ではゆっくりていねいに回る。（背骨を一つひとつ着けていくように）

（3）台上頭支持前方転回　台上ヘッドスプリング

前回りの練習から……
◎ひざをばねのように使わせる。（柔らかくしておいて伸ばす）
◎両手に自分の体重を感じさせる。（手をきちんと肩巾にして、早く頭を入れない）少し止まる感じ。
◎腹で体を支えることを覚える。（自分の体を腹の所できちっと支える）
←
①両腕で自分の体を支える←ジャックの状態でとまる瞬間を意識させる。
←体と足の角度が小さいと重心が後ろに行きやすく柔らかくス

プリングをかけられない。
※したがってこの段階では両腕で自分の体重を感じることと同時に足を胴体から離すことを覚える。
②手を床に付いて腰をあげる練習。
◎その時ひざを曲げた状態から柔らかく蹴って、あとは伸身の状態にする意識。
※この練習では両ひざを内側に締める感覚がほしい。足のばらつきは早いうちにとっておかなくては悪い癖がついてしまう。
③ここでは足よりもへそを向けることに意識を集中させる。両足を一つにして早く回転させる。胴体よりも早く足を回転させるためには、背筋を中に入れるようにすることだ。
④マットを使ったヘッドスプリングの練習。
◎高さが低いので着地で立つよりもまず足から落ちてしりもちを付くようにさせる。
◎ふみきりは柔らかくひざのばねを使って足を体から離すようにさせる。
◎ひざがゆるむので、ひざを蹴って、やわらかく自分の体を支える練習を多く取り入れる。
◎④の練習を多くして足と胴体を離すことを徹底する。
◎①の時にしっかり両腕を使わせること。
◎足と体を離す説明には針金を使うといいかもしれない。

◎足のひざを伸ばして、竹がしなるように体を使う。
◎最後の踏切板の入り方では、上昇する感じをもって柔らかく入ること。助走を強くすると直線で入り、直線で出るようになってしまう。

（4）倒立　マット運動

倒立のイメージとして↓体を支えた両腕に肩、足から一直線に水が流れるような感じで、肩がまっすぐになった時、腕に負担がかからない。
練習として↓肩倒立、壁倒立、二人組倒立（向かい側の子が足首をとってやる↓向かい側の子は相手の腰を両手でしっかり支えてやるようにする）。
↓
倒立から開脚倒立へ（補助の子が動いて順に着地していく。その時、着地した足が平行になるように意識する）。

（5）側転　マット運動

①倒立からそのまま開脚させる。
②横に回る。

③手足の付き

◎正面を見て息を吸いながら、ふわっと両腕と片足を上げる。
◎ゆっくりと息をはきながら、直線上に片手ずつ付いていく。
◎片手を付いたと同時に自然に片足が上がる。
◎ふわっと逆さになり、空中に両手のつま先で円を描くようにゆっくりと回っていく。
◎元に降りる時も左右の足が同時にどんと下りるのではなく、右から左とゆっくりていねいにもどることを意識させる。

(6) 倒立前回り　マット運動

倒立で片足が上がって、少し遅れて片足がくる。そろったところで一拍、間をおいて前に回る。

(7) 跳び込み前回り　マット運動

重要なポイント

①ひざの使い方（ばね）

②腕の使い方（きちっと体重を感じる）。
③目の使い方（手を付く位置を見る↓その後はゆっくりへそを見ながら転回する）。
◎踏切板の前で止まってしまう子への指導をし、跳び箱の上にすっぽりとマットをかぶせて恐怖心を取り除く。
◎ひざをばねにしてポンと跳び込み手を付いて回る。

（8）前方宙返り　マット運動

腕の振り方は3種類
①前振り上げ型
◎浮きを出すのに有利な型。
◎手を後ろからもってきて、踏み切りと一緒に手を振り上げる。浮きを助ける。
②後ろ振り上げ型
◎助走が少なくても回転に有利な型。
◎手を挙げて踏み切りに入り、踏み切りと同時に手を後ろにふって回転を助ける。
◎この型を子どもたちに指示していた。
③振り下ろし型

◎前転跳びから組み合わせられる時に利用される型。
※単独で前方宙返りをやる時は、①か②のどちらかに統一すべき。

練習では……
◎2、3歩の助走から、両足踏み切りと腕の振り上げ練習。
◎踏み切りの時、十分にひざのはねを使うこと。
◎ひざを十分に柔らかく。
◎両足できちんと踏み切る。
◎助走から最後の踏み切りは、体の浮きをとるために少し上から入る気持ち。
◎手を後ろへ振ると同時に自分のへそを見るように首を中に入れる。

先生の指導は単にできればいいという形を求めるのではない。人間の身体がもつしなやかさや柔らかさがあると同時に、最終的にそこに〝美しさ〟があるかどうかを求める。スタートから着地まで一連の動作に流れやリズムがあるのかが問われる。（豊歳　寛）

図工鑑賞教材の実践

上野省策『斎藤喜博と美術教育』より
「リコーダーを吹く友だち」
前島先生ご指導

先生の図工指導は、より高い芸術性を重視する先生にとって大切かつ重要な科目であった。

大杉東小時代は、9年間高学年の担任だったので、図工は音楽と同様、専科教員がいるため、それほど多くの時間をとれない。大杉東小以前の篠崎第五小や南小岩第二小時代に低学年や中学年を担任した際に、優れた指導によって生まれた「笛を吹く友だち」「てぶくろを買いに」「くつ」などの作品を残している。先生の指導については、上野省策『小学校低学年の美術』（評論社）の中で、戦後美術教育における3人の優れた教師の一人として取り上げられ紹介されている。

大杉東小時代には何時間もかけて絵を指導することはあまりできなかった。それでも校内で行われた展覧会の絵に衝撃を受けたことがある。その年の大杉東小では、展覧会にむけて校内研究の教科が図工になり、担任全員が「物語の絵」を指導することになった。

先生は6年生担任として『屋根の上のサワン』（井伏鱒二）に取り組んだ。一人ひとりの絵の完成度はもちろんであるが、一枚の絵の中に子どもたちそれぞれの個性が出ている。気の緩んだ絵が一つもないのに驚いた。全員の絵が自分を主張しているのだ。今でもこの「屋根の上のサワン」ショックは忘れられない。

先生の大杉東小時代の図工指導は「鑑賞」中心に授業を展開した。図工での「鑑賞」という一つのジャンルに光を当てたことも先生の一つの大きな業績であろう。「ピエタ」の授業を取り上げ、先生の指導を分析していきたい。

（豊歳　寛）

ピエタを読む

(1) 教材解釈

知識として、その教材に対する事実の整理や、教材に奥行きをつけるための作業

ピエタ（ミケランジェロ作）：敬虔な哀悼を意味する言葉。英語の ptiy, piety

キリスト教美術においてはキリスト教受難の一場面として用いられている。聖母マリアがキリストの死体を膝に抱きかかえた構図。この構図は12～13世紀のドイツの宗教史から着想を得て、14世紀ドイツに始まる。それがオーストリア、フランス、そしてイタリアへと広がる。中世末からルネッサンスの彫刻や絵画に盛んに表現される。（ティツィアーノ、ボッティチェッリなど）

ミケランジェロは、四つのピエタに着手している。フィレンツェのピエタ、パレストリーナのピエタ、ロンダリーニのピエタ、そして、サン・ピエトロ大聖堂のピエタである。しかし、上の三つは未完に終わっている。

ミケランジェロの願い

人間の美しさを尊ぶ古典ギリシャの概念と人間精神の不滅を信じるキリスト教の理想を融合することであった。従来のピエタ（憐れみを誘う死の苦しみ）の一掃、二人の人物（キリストとマリア）を静謐の中に浸らせること、最後の結末が悲劇的であればなおさら二人は美しくなくてはならない。

ピエタという作品の解釈
○マリアは手足のほっそりとした女性。
○成長した大人をしっかりと子どもを抱くように。
○着衣のひだの微妙な動きは彼女の内なる苦悩を表現している。
○マリアの心の中の思い。（この子を救うために私にできることがあっただろうか。もし、人が救われないのなら今までのことは何の役にも立たなかったということなのだろうか。）
○膝の上に横たわる息子の死体がいかに重いか、それにもまして心の中がどんなに重いのか。

（2）授業の流れ

《1時間目》

ピエタとの対面で、自分なりの感じをもってもらいたい。内容が重いだけに意識してテンポを落として、じっくりと見、考え、イメージを広げてもらいたいと考えた。

①ピエタの写真配布。（児童全員）（黒板に拡大した写真）

↓

②写真から気が付いたことをメモする。

（どんな感じがするか、どんな場面か、二人の関係は、どんな音や声が聞こえるかなどをメモする。）

↓

③メモから気付いたことの交流をする。（原則として自由な発言を生かすように工夫する。）

どんな感じ

第一印象→どんな様子からそう感じるかという問いから、あまり深くは追求しないがその根拠を求める。

C：かわいそう。

C：男の人が気を失っている。何か力が抜けている感じ。
C：女の人が助けている。
C：暗い感じ。
C：とても悲しい感じ。男の人が死んで女の人が助け起こしている。
C：さびしい。
C：やさしい。自分の子を優しく抱いている感じ。
C：哀しい。
C：静かな感じ。
↓
T：男の人は気を失っているのか死んでいるのか。
C：死んでいる。（ほとんど全員）
C：手に穴が開いているから。
C：ぐったりしているから死んでいる。
※ここでイエスが死んでいることの確認をする。

二人の関係は

Ｃ：恋人

Ｃ：夫婦

Ｃ：親子

Ｃ：イエスが十字架にかかって死んでいて母のマリアがやさしく介抱している。

※イエスとマリアの関係が子どもの方から発言されたので、一気に本題に焦点を合わせてイエスとマリアの関係で授業が進められる。

Ｔ：イエスとマリアのことで何か知っている人いますか。

Ｃ：イエスは神の子。

Ｃ：マリアがヨセフと結婚して神様からイエスを授かった。

板書でイエスとマリアの関係を図で整理する。

Ｔ：この写真を見て変だなあと思う所ないですか。（他の発問では、気になることや、気付いたことは？　聖母の若さ、視線の角度、二人のバランスなど）

Ｃ：マリアはいい服を着ているのにイエスはみすぼらしい。

Ｃ：マリアは割と落ち着いているように見える。

Ｃ：イエスの方が老人のようだ。

T：イエスは30いくつ、マリアは50いくつ、おかしいね。
〔教師によるイエスの説明〕
○弟子ユダの密告により、多くの人間たちに裏切られる。
※愛は現実の力の前には決して強くはない。愛はねじ伏せるものでは決してなく温かく包み込むもの。
○イエスは人間すべての罪をかぶって十字架にかけられる。
○エルサレムの町中を引き回される。
○ゴルゴダの丘で朝9時頃、手足に釘が打たれる。（ベラスケスの絵を張る。）
○イエスはこの苦しみの中で「主よ。彼らを許し給え。彼らはそのなせることを知らざればなり」といった。その彼らとは群衆、大祭司、衆議会だけではなく弟子のユダやペテロまで含んでいる。
○午後3時頃に絶命。
○この遺体を母であるマリアが受け取る場面
○この場面を―ピエタ深い悲しみ―と呼んだ。
○古来から多くの画家や彫刻家が作品にしてきた。

※ベラスケスの絵を見せる。
T：マリアの右手と左手の感じが違うね。みんなでまねしてごらん。
（子どもたち真似をしながら、口々に発言。）
C：右手はイエスをかかえて、左手は何かを指している。
C：左手はしょうがないという感じ。（どうすることもできない悲しみか？）
C：左手はイエスの死をいい……天国を指している。
T：右手はわが子イエスへの母の思い、左手は神の子イエスへの畏敬の念。
T：マリアの表情を見て何か感じることありますか。
C：とても悲しそうな顔をしている。
C：静かな表情をしている。（※本当に深い悲しみ出会うとかえってわめいたり、泣き叫んだりできないのかもしれない。ただ黙ってその事実を胸の中に受け入れる以外にないのかもしれない。）
C：じっとがまんしている。
C：イエスが死んだのに微笑んでいるように見える。
C：マリアの目は伏せられているがつぶっていない。
T：マリアは心の中で何か言っていますか。

C：この子を救うために何ができただろうか。
C：息子は何のために死ななければならなかったのか。
T：聖母マリアはどこを見ているのだろう。
C：目をつぶっている。
C：マリアの目はイエスを見ていない。
C：焦点が合っていない。
T：自分の考えを大事にすればいい。
マリアがだれかの声（神？）にじっと耳を傾けているかもしれない。本当に深い悲しみに出会ったら、じっとその悲しみを受け入れるしか方法がない。
T：ピエタというのは深い悲しみという意味なんだけど、その哀しみは誰の誰に対する悲しみなのだろう。
C：マリアのイエスに対する哀しみ。（マリアの個人的な悲しみ）
C：神の人間に対する哀しみ。
C：イエスの人間に対する哀しみ。（人間のもっている業に対する悲しみ）
T：（まとめ）

ミケランジェロが24歳の時の作品。6歳で母を失っている。若く美しいイメージをマリアと重ねたかもしれない。ミケランジェロは4回ピエタをつくっている。ミケランジェロの願いは何だったのか。

《2時間目》

ルネッサンスそのものを教えるというより、ダ・ヴィンチとミケランジェロに焦点を当てて授業を展開した。1時間目よりテンポを早くして気分の切り替えを図った。

T：ミケランジェロはイタリアの人だが、イタリアで知っていることは？
（地図で示す。長くつのような形）
C：スパゲッティ。
C：ローマ。
C：ムッソリーニ。
C：ガリレオ。
C：コロッセウム。
C：古代ローマ帝国。

C：サッカー強い。
C：コロンブス。
T：（ミケランジェロの年表を見ながら）ミケランジェロが生きた時代は、ヨーロッパ世界がイタリアのフィレンツェを中心にルネッサンス最盛期だった。ルネッサンスというのは何だろう。
C：人間復興。
C：文芸復興。
・自由な自分の意志で生きる。表現するということ。人間意志の自覚に基づく人間らしい生活の追求。それまで（中世）は、強い者（領主）が弱い者（農民）に犠牲を強いた。それに腐敗した教会の倫理。神から与えられた身分秩序を守ることが天国に行くための試練である。イエス・キリストの教えは、そういう考えに対する反抗だった。
T：ルネッサンス時代の有名な人は？
C：ガリレオ・ガリレイ。
C：レオナルド・ダ・ヴィンチ。（モナリザの絵）
T：ダ・ヴィンチとミケランジェロを比べてみると……。
（フィレンツェの地図を掲示）

この時代イタリアには多くの力をもった都市があり、その中でもフィレンツェは中心的な存在であった。前に勉強したギリシアの古代民主都市国家アテネみたいなものだと思っていい。フィレンツェの人々は、自分たちこそ偉大なもの、すぐれたものに到達するために、神から選ばれていると信じていた。それまでは芸術家というのは決して地位は高くなかったが、フィレンツェでは優れた芸術家は、すぐれた思想家とみられるようになっていた。そういう中でダ・ヴィンチやミケランジェロは活躍したのです。

ダ・ヴィンチ

万能の天才。航空科学、動物学、数学などすべての分野わたっての科学者。彼が絶対的に信頼していたのは自分の目であった。「レオナルドにとって見ることは、知ることだった。」真理へ到達するためには、五感を動員することというのが彼の根本思想である。

ミケランジェロ

彫刻、絵画、建築そして詩人など多才であった。科学には興味を示さず、人間そのものに興味を示した。人間こそ神に似た存在である。生命なき素材（大理石）に息吹を与えることに熱情を傾けた。彼にとって芸術とは人間を創造することであった。

他の視点から授業に奥行きをつける

◎運慶と比較する

「モーゼ像」「ダビデ像」

東大寺南大門の仁王像、願成就院の毘沙門天

力強い表現、現実の喜怒哀楽を表現

激動の時代を生きる真の芸術作品は、大理石や樹木の中にある。それを取り出すだけである。

◎聖都エルサレム

平和の街という意味。８０００年の歴史。砂漠に接している。地下水に恵まれている。

三つの宗教が同居する街

嘆きの壁　ユダヤ教

岩のドーム　イスラム教

聖墳墓教会　キリスト教

◎ユダヤ民族とアラブ民族

旧約聖書、十字軍、第一次世界大戦、イスラエルの建国、パレスチナ自治区ガザ

普通は「〜の彫刻を鑑賞する」ということになるのであろうが、先生はあえて「読む」という言葉を当てた。先生にとって読むという行為は普段の表層意識に鍬を入れ、掘り下げていく行為である。作品を「読む」ことは、色彩が醸し出している世界、物と物の関係から生ずる意味、作品の思想や心情等、その作品の世界の中にドラマを感じながら深みに入っていくことである。〝ピエタ〟をじっと見つめ、みんなで読み深めることができたらいいという先生の思いから生まれた授業である。

授業を構成する前に必ずやることは、やはり〝教材解釈〟である。教材解釈とは、①知識としてのその教材に対する事実の整理をすることと、②実際に授業を行う上で何をどう教え、どう展開していくのかというプランを構築していくことである。この二つのことを行うことが教材解釈をすることである。

この「ピエタ」の授業は、図工学習の一分野に、大きく光を当てた点において、特筆すべきものである。子どもたちの原点の力となる〝物を見る力〟を養うためには不可欠な分野である。ピエタ像のなかに、なにを見て、なにを見つけ、どんな創造の心を拡げるのか。そして、その背景にある宗教や歴史までも知識のすそ野は拡がる。（豊蔵　寛）

あとがき

本書に紹介した前島先生の「ラクガキノート」は、ほんの一部でしかない。先生の遺された教材の膨大さと深さは計り知れない。

私に続く人々が、先生が遺された仕事を更に深め、様々な場で取り上げていってほしい。

先生と共に過ごした年月が多かった私にとって、先生の生前には見ることのできなかった「ラクガキノート」は、質量ともに圧倒されながらも、新しい発見の連続であった。先生の仕事の偉大さを改めて思い知らされた。

生前、私に書き送ってくれた「豊歳さんが、糸杉の会の継承をして若い教師の学びの場を作っていってほしい。」というハガキの言葉に、使命感を抱き、細々ながら「学びの会」という名で、研究会を続けている。かつての「糸杉の会」のような雰囲気にはならないのが現状である。

せめて、前島先生というたぐいまれなる実践家が、存在していたということを知ってもらい、学ぶことの大切さや面白さを後世につなげていく若い教師が、一人二人と現れてほしいと、心より祈るばかりである。

最後に、本書の出版にあたり、背中を押していただいた宮城教育大学の吉村敏之氏のご尽力により、本書が刊行できましたことを、心から感謝申し上げます。そして内容に賛同してくださり、いろいろご教示いただいた一莖書房の斎藤草子さんと川田龍哉さんに心からお礼申し上げます。

令和五年　春

豊歳　寛

《著者略歴》

前島正俊（まえじま まさとし）

１９４１（昭和16）年5月15日　鳥取市に生まれる。


１９６６（昭和41）年　東京学芸大学社会科卒業。

東京都品川区立後地小学校。

学級通信、詩、作文指導に力を入れる。

斎藤喜博氏の『授業入門』に感銘を受ける。


１９６７（昭和42）年　群馬県伊香保での斎藤喜博氏を中心とする研究会に初めて参加。

１９６９（昭和44）年　品川区立小山小学校へ。


１９７０（昭和45）年　江戸川区立南小岩第二小学校へ。

教授学研究の会主催、夏の公開研究会「第一回夏の淡路島大会」に参加。

稲垣忠彦氏（東京大学）が主宰する「第三土曜の会」に参加。以後、閉会（１９９３年まで）続ける。

学級通信「ラクガキ」を書き始める。


１９７９（昭和54）年　江戸川区立篠崎第五小学校へ。

1981（昭和56）年　江戸川区立大杉東小学校へ。
1983（昭和58）年　授業についての研究会「糸杉の会」を月一回自宅で始める。
1990（平成2）年　江戸川区立宇喜多小学校教頭。教頭通信「ラクガキ」を出す。
1993（平成5）年　江戸川区立南葛西第三小学校へ。
1996（平成8）年　江戸川区立平井西小学校校長。
2002（平成14）年　明治大学非常勤講師。
東京都教育功労賞　受賞。
2018（平成30）年　正六位瑞宝双光章　叙勲。

〈著書〉
『低学年の美術の授業』（共編　評論社）
『岩波講座　教育の方法』別巻（分担執筆　岩波書店）
『シリーズ授業』（共著　岩波書店）
『教師が壁をこえるとき』（共著　岩波書店）
『詩の授業　俳句の授業』

《編者》
豊歳　寛（とよとし ひろし）
1965（昭和31）年生まれ、國學院大學卒業
江戸川区、葛飾区、江東区などを担任として従事
「学びの会」主宰
〈著書〉
『教師として生きるということ』（共著　ぎょうせい）

《監修者》
吉村敏之（よしむら としゆき）
1964（昭和39）年栃木県生まれ
東京大学大学院教育研究科博士課程単位取得退学
現在、宮城教育大学教職大学院教授
〈著書〉
『日本の教師7　合科・総合学習』（共編著）ぎょうせい
『「技」を磨き会える学校づくり』（編著）ぎょうせい
『教師として生きるということ』（共著）ぎょうせい　など

若者に伝えたい授業 ——「ラクガキノート」から

2023年5月10日　初版第一刷発行

著　者　前島正俊
編　者　豊歳　寛
監修者　吉村敏之
発行者　斎藤草子
発行所　一莖書房
〒173-0001　東京都板橋区本町37-1
電話 03-3962-1354
FAX 03-3962-4310
印刷・製本／日本ハイコム　ISBN978-4-87074-248-2　C3037